O ressentimento na história

O ressentimento na história

Ensaio

Marc Ferro

TRADUÇÃO DE
André Telles

AGIR

Título original
Le ressentiment dans l'Histoire

Liberté • Égalité • Fraternité
RÉPUBLIQUE FRANÇAISE

Cet ouvrage, publié dans le cadre de l'Année de la France au Brésil et du Programme d'Aide à la Publication Carlos Drummond de Andrade, bénéficie du soutien du Ministère français des Affaires Etrangères et Européennes. "França.Br 2009" l'Année de la France au Brésil (21 avril - 15 novembre) est organisée: en France, par le Commissariat général français, le Ministère des Affaires Etrangères et Européennes, le Ministère de la Culture et de la Communication et Culturesfrance; au Brésil, par le Commissariat général brésilien, le Ministère de la Culture et le Ministère des Relations Extérieures.

"Ouvrage publié avec le concours du Ministère français chargé de la culture - Centre national du livre."

Este livro, publicado no âmbito do Ano da França no Brasil e do programa de auxílio à publicação Carlos Drummond de Andrade, contou com o apoio do Ministério francês das Relações Exteriores e Europeias. "França.Br 2009" Ano da França no Brasil (21 de abril a 15 de novembro) é organizado: na França, pelo Comissariado geral francês, pelo Ministério das Relações Exteriores e Europeias, pelo Ministério da Cultura e da Comunicação e por Culturesfrance; no Brasil, pelo Comissariado geral brasileiro, pelo Ministério da Cultura e pelo Ministério das Relações Exteriores.

"Obra publicada com a colaboração do Ministério Francês da Cultura - Centre national du livre."

Capa
Victor Burton

Ilustração da capa
Egon Schiele, autorretrato, 1912

Copidesque
Léo Schlafman
Mauro Nunes de Gaspar Filho

Revisão
Taís Facina

Produção editorial
Paulo Cesar Veiga

Uma empresa Ediouro Publicações Ltda.
Rua Nova Jerusalém, 345 - Bonsucesso
Rio de Janeiro, RJ – CEP 21042-235
Telefone (21)3882-8200 – Fax (21)3882-8212/8313
www.ediouro.com.br

Sumário

7 INTRODUÇÃO

15 CAPÍTULO 1. Escravos e perseguidos: um ressentimento milenar
18 A época do cristianismo
20 Quando o perseguido se torna perseguidor
23 Os judeus e os heréticos, na Idade Média e depois
29 Uma carnificina recente, herança do antijudaísmo
34 Uma cruzada contra cristãos heréticos
36 Da anti-heresia ao antiprotestantismo

41 CAPÍTULO 2. Revoluções: a parte do ressentimento
42 França 1789-1793: contra o rei, contra os aristocratas, contra os ricos
55 Rússia, 1917: uma revolução integral
70 O ressentimento contra as elites
72 Rússia: do pressentimento ao ressentimento
80 França, maio de 1968: uma réplica?
88 Uma revolução "contrarrevolucionária": a Alemanha
99 Vichy: cada um com seu ressentimento

114 CAPÍTULO 3. A memória nacional: acervo de ressentimentos
115 Um ressentimento sempre em carne viva: a Polônia
130 Um ressentimento caleidoscópico: a Áustria

141 França-Inglaterra: entre irmãs siamesas
146 Alemanha-França: a alternância dos ressentimentos

152 CAPÍTULO 4. Pós-colonização e comunitarismo
153 Black is beautiful
164 O ressentimento dos colonizados
179 A revitalização do ressentimento pelo Islã
184 Comunitarismo e revolução

190 CONCLUSÃO
198 POSFÁCIO. Memória do exílio: os republicanos espanhóis
204 BIBLIOGRAFIA
214 ÍNDICE
222 AGRADECIMENTOS

Introdução

2004. *Atentados devastadores em Madri* reivindicados pela Al-Qaeda. Por que a Espanha foi o alvo da vez? Será porque seu governo enviou tropas ao Iraque? Mas ele não foi o único na Europa. Ou porque existiria um contencioso colonial entre o Marrocos e a Espanha? Provavelmente não é um acaso marroquinos terem, em certa medida, planejado ou supervisionado esse atentado.

Mas há outra coisa, uma ferida mais profunda cujo vestígio está gravado na memória do Islã. Ayman al Zawahiri, lugar-tenente e médico pessoal de Bin Laden, lembrou isso em sua primeira declaração no dia seguinte ao ataque ao World Trade Center em 2001: a humilhação de que o Islã é vítima remonta à expulsão dos mouros da Espanha, em 1492.

Ora, os espanhóis do Levante, de Barcelona a Málaga, lembram essa humilhação todos os anos, em suas festas populares conhecidas como *Moros y Cristianos*. Em Mozivar, por exemplo, os moradores se dividem: uns fantasiados de mouros, os demais, de espanhóis de antigamente. Cinco quadros vivos evocam a conquista árabe, a ocupação, a resistência, o motim e a expulsão do invasor. Os insultos e invectivas trocados pelos dois lados em cada um desses episódios se transmitiram de geração em geração.

1973. *Atentado em Lausanne*, cometido por armênios.

Por que em 1973? Por que em Lausanne?

Porque cinquenta anos antes, precisamente em Lausanne, os vencedores da Grande Guerra traíram sua promessa, feita em Sèvres em 1919, de permitir a formação de uma Armênia independente. Aquela bomba era para lembrar sua traição. E, desde então, os armênios não param de lutar para que o genocídio de 1915 seja reconhecido.

Como vemos, a carga desse explosivo, o ressentimento, não para de se acumular. Durante todo o século e por várias vezes, ele quase detonou a sociedade, em todo caso a transformou. Como esses vírus que julgamos extintos, quando estão apenas adormecidos, o ressentimento subitamente reativado ganha vida, para surpresa daqueles que sequer suspeitavam de sua existência.

Com que força ele não se manifestou a nossos olhos com a erupção de um Islã radical, ao passo que, no mesmo momento, povos há muito colonizados também exprimiam o seu! No passado, a Alemanha e seu futuro líder alimentaram um violento ressentimento contra o Tratado de Versalhes e seus signatários estrangeiros ou compatriotas: conhecemos a sequência.

Essas manifestações falam por si só, mas quantas outras poderíamos listar e analisar?

Ora, na medida em que esse ressentimento se exprimiu ao longo do século XX, imaginaríamos de bom grado que ele constitui apenas sua herança, ao passo que, na verdade, os que o identificaram e revelaram sua natureza o fizeram antes da Primeira Guerra Mundial: Nietzsche na *Genealogia da moral*, em 1887, e Max Scheler em *O homem do ressentimento*, em 1912. É verdade que suas análises, filosóficas ou psicológicas, referem-se essencialmente aos indivíduos. Por conseguinte, gostaríamos de abordar esse fenômeno na perspectiva da história das sociedades, sem deixar porém de nos apoiar nas abordagens filosóficas. Também recorreremos aos escritores que, utilizando ou não o termo, se aproximaram do fenômeno — Rousseau, Dostoiévski, Camus e Céline, sobretudo —, pois em sua obra opera-se uma espécie de fusão entre a experiência individual do próprio escritor, os personagens que ele cria e o seu olhar sobre a sociedade; e, nesse sentido, eles contribuem para a inteligibilidade da História.

Tentaremos dessa forma detectar as manifestações do ressentimento, seus modos de aparição, seus efeitos através da História. Fenômeno individual ou coletivo, afetando tanto grupos quanto nações ou comunidades inteiras, o ressentimento é mais intangível do que, digamos, a luta de classes ou o racismo. Entre outras razões, porque permaneceu latente e porque pode interferir tanto com a luta de classes e o racismo quanto com o nacionalismo ou outros fenômenos, como em Madri ou Lausanne.

Examinamos essas interferências antes, ao estudar a revolução de 1917. Com efeito, caiu em nossas mãos a missiva de um jovem tártaro de Kazan interrogando-se sobre a prioridade da luta a ser travada: tártaros contra russos? Ou Islã contra Igreja ortodoxa? Ou, ainda, operários social-democratas contra a burguesia? Mulher contra a autoridade dos imãs? Luta social, luta nacional, luta feminista ora interferiam, expressão das diferentes instâncias de sua identidade, ora ganhavam autonomia, ora se conjugavam.

Num outro contexto, o da Segunda Guerra Mundial e suas consequências, Annette Wieviorka analisou bem esse fenômeno de identidade múltipla e mutante em *Ils étaient juifs, résistants, communistes* (Eram judeus, resistentes, comunistas).

Pareceu-me identificar uma manifestação, eu diria autônoma, do ressentimento quando, ao estudar a Grande Guerra de 1914-18 — confrontando diários de trincheiras, arquivos escritos e cinematográficos, cartas de soldados e outros depoimentos —, ele apareceu nítido para mim como um fenômeno aparentemente depurado de qualquer outra proveniência. Este e outros nos permitirão detectar algumas das características do ressentimento e sua fórmula, se houver uma, mutante ou permanente.

1916-1918. Os combatentes acham-se estagnados nas trincheiras onde se enterraram para sobreviver. Veem os colegas morrerem, espetados nos arames farpados. Por ocasião de uma breve licença, descobrem que, na retaguarda, "todos se esbaldam enquanto eles se danam".

Imagem do jornal cinematográfico *Actualités de la guerre*. Em frente à estação de Châlons, um soldado de folga procura com os olhos, em vão, aquele ou aquela que deveria estar à sua espera. De repente, seu olhar endurece: é dia de feira popular, e todas as pessoas que estão ali só pensam em se divertir. Outros, também de licença, descobrem que as mulheres tomaram o lugar dos homens no trabalho e que em suas camas, às vezes, são os mais jovens que reinam agora. Papéis que, na França, Gérard Phillipe e Micheline Presle personificaram no filme de Claude Autant-Lara, *Adúltera*, inspirado no romance de Raymond Radiguet. Encontramos a mesma situação na Alemanha em *Guerra, flagelo de Deus*, de G. W. Pabst, inspirado em Johansen, onde, além disso, a mãe de um combatente se impacienta porque seu filho ainda não ganhou a guerra. Em toda a parte, como na Rússia e nos *Diários de trincheira*, os soldados exigem que seja enviado para a linha de frente aquele que grita "Guerra até o fim".

Desse confronto entre a linha de frente e a retaguarda irrompeu um profundo ressentimento, não subordinado a qualquer grupo. É manifestado tanto por soldados quanto por oficiais, franceses ou de outras nacionalidades, cheios de rancor após a guerra pela ingratidão dos civis e dos governos que não cumpriam suas promessas de ajudar os combatentes veteranos, que, como reconhecia Clemenceau, "tinham direitos sobre nós".

Eles não tardaram a demonstrar sua cólera nas Ligas de Veteranos, que prepararam o caminho do fascismo e às quais só podiam aderir, tanto na Alemanha como na Itália, os que estivessem estado nas trincheiras. Germinou com isso uma semente de vingança contra os civis.

Reencontramos a expressão desse ressentimento no depoimento a seguir, que apresenta um aspecto ao mesmo tempo análogo — a participação na guerra — e diferente, pois põe em cena oficiais e deixa transparecer um matiz ideológico. Estamos em 1957, Georges Suffert reproduz seus termos em *Esprit*.

Maio de 1957. A ordem reina em Argel, a ordem dos paraquedistas, novo mito popular que substitui, mais brutalmente, o da Legião.

De uma forma ou dc outra, todos são traidores de todos. É inocente e certamente respeitável e fiel à sua pátria aquele que insulta o negro, que sabe onde está a glória e que o Islã é a religião do assassinato e que o fanatismo é odioso. [...]

São traidores os outros. Os que esta guerra faz morrer de fadiga, que continuam a fluir em sua cabeça imagens utópicas, história da

França para crianças: o rei justo, a República erigida em princípios. São traidores os alistados que voltam ao país e guardam estranhas lembranças no fundo de sua mente: convém esquecer, os homens não têm mais direito de se lembrar, nem sequer de seus pecados [...].

O general entra, está à paisana. Nas paredes, mapas... Ele fala: "É um combate mortal. Quem não está conosco está contra nós. A partir de agora, a FLN (Frente de Libertação Nacional) acabou... Restam-lhe algumas tropas, mas prevaleceremos com a condição de que os traidores do interior sejam chamados à razão. Cuidaremos disso".

De repente, sua voz muda: "Já estamos cheios. Há onze anos, oficiais caem nessa estranha aventura iniciada em Haiphong e cujo fim não vemos, uma promoção de *saint-cyriens*[1] por ano. Para vocês, essa expressão é uma abstração, para mim são rostos de homens de 20 anos enterrados agora em todos os cantos do mundo". [...]

"Por tudo isso, nenhuma palavra de gratidão. Somos olhados de soslaio, suspeitados pela nação, temidos por homens políticos que nos enviam para a luta e negociam nas nossas costas com o adversário. É a vitória do comunismo..."

Ele foi convincente.

Mais uma vez ele resmunga, volta a ser evasivo: "Em três semanas, tudo estará terminado, o adversário será destruído...".

Para quem ele mente? Para si mesmo?

O ressentimento de um bom número desses militares logo explodiu e se tornou um dos núcleos da insurreição e do golpe de

[1] *Saint-cyrien*: aluno da Escola Militar de Saint-Cyr, criada por Napoleão. (N. do T.)

Estado de maio de 1958. Nesse caso figuraram, mais uma vez, como um das fontes de ressentimento, a incompreensão e a ingratidão da retaguarda.

Mais tarde, julgando terem sido ludibriados por De Gaulle, alguns deles participaram de um *putsch*, enquanto os franceses da Argélia, despachados para a metrópole, ruminaram impotentes seu ressentimento, compensando parte dele em 1965 com o voto em Mitterrand, que odiavam dez anos antes.[2]

Mas esses muçulmanos logo sentiram a ferida e a afronta de promessas não cumpridas. Sobretudo os argelinos que lutaram nos exércitos franceses em 1914-1918, depois em 1942-1944 — na Itália particularmente —, e que de volta a seu país se viram relegados à condição de súditos, e não de cidadãos plenos. Uma sensação de injustiça e impotência os atormentou. Alguns aceitaram esse status subalterno querendo acreditar ser provisório; outros, como Ben Bella, reestruturam-se para criar uma ideologia da libertação. De uma forma ou de outra, porém, todos alimentaram sua ira questionando os valores do opressor, a República que não manteve a palavra.

Esses três casos são cristalinos. Trata-se, em todos eles, de combatentes em diferentes contextos. Mostram amargura em seu ressentimento contra a duplicidade, as promessas não cumpridas. Essas situações, tomadas em conjunto, exprimem a maneira como nasce e se desenvolve o ressentimento, na medida em que cada uma o ilustra, com maior ou menor clareza, sem que nenhuma o encarne perfeitamente na História nem se apresente como seu "tipo ideal" à maneira de Max Weber.

[2] Sobre a irritação dos corsos, cf. nossa *Histoire de France*, p.521-5.

Na origem do ressentimento, tanto no indivíduo como no grupo social, encontramos sempre uma ferida, uma violência sofrida, uma afronta, um trauma. Aquele que se sente vítima não pode reagir, por impotência. Rumina sua vingança, que não pode executar e o atormenta sem trégua, até explodir. Mas essa expectativa pode igualmente ser acompanhada de uma desqualificação dos valores do opressor e de uma revalorização dos seus próprios e dos de sua comunidade, que até então não os defendera conscientemente. Isso dá nova força aos oprimidos e produz uma revolta, uma revolução ou ainda uma regeneração — é quando uma nova relação se estabelece no contexto do que inspirou esses levantes ou essa renovação.

A revivescência da ferida passada é mais forte do que toda vontade de esquecimento. A existência do ressentimento mostra o quanto é artificial o corte entre passado e presente — um vive no outro, o passado tornando-se presente, mais presente que o presente. E a História oferece diversos testemunhos disso.

CAPÍTULO 1

Escravos e perseguidos: um ressentimento milenar

A sorte dos escravos antigos e dos perseguidos, os primeiros revoltados da História, convida a um percurso singular.

No mundo greco-romano conviviam estrangeiros não livres — prisioneiros de guerra, em sua maioria, e autóctones, que em geral eram escravos em virtude de dívidas.

Inúmeros procedimentos de alforria foram adotados na Grécia, e nem por isso esses escravos se tornaram cidadãos plenos, mas metecos (estrangeiros domiciliados em Atenas) que podiam ser reavidos caso manifestassem ingratidão agressiva — atestando seu ressentimento. Naqueles que trabalhavam nas minas, havia a possibilidade de aflorar uma consciência comunitária, que assumiria formas políticas com a revolta dos escravos de Lauríon em 429, durante a Guerra do Peloponeso. Seu único pensamento era fugir e recuperar a liberdade.

Depois das revoltas na Sicília, onde opulência e pobreza conviviam de forma ostensiva, ocorreu um levante espetacular — o do trácio Espártaco, que, em 73 a.C., convenceu os gladiadores da escola de Cápua que o destino deles era indigno e que deviam pôr um fim àquilo. Conseguiu fugir com outros 70. Perseguido, depois de haver desmantelado as tropas que vieram desalojá-lo das escarpas do Vesúvio, Espartaco se juntou a escravos rurais e outros pastores com terras confiscadas. Seu exército de 70 mil homens devastou a Itália. O homem era educado, inteligente, queria que as tropas voltassem às suas terras natais, à sua pátria de origem. Mas o Senado, apavorado, confiou seis legiões a Crasso, que acabou por vencer Espartaco e seus gladiadores e crucificou 6 mil prisioneiros na via Ápia.

Embora o ressentimento contra os amos cruéis que os obrigavam a esses espetáculos ignóbeis suscitasse esse tipo de revolta, a sorte dos escravos logo foi cooptada por agitadores políticos, que os admitiam em seu serviço com objetivo de tomar o poder.

Assim fez Sérgio Catilina, um patrício boa-pinta e eloquente, que cobiçava o consulado. Oriundo de família nobre arruinada, enriqueceu ao adquirir por preços módicos os bens daqueles que Roma proscrevera. Após uma passagem pela África, onde foi acusado de malversação, reuniu em torno de si os desqualificados, ociosos da plebe rural e mercenários. Seu plano? A divisão das terras e a abolição das dívidas. Proclamou-se chefe do partido dos miseráveis, general dos pobres. Expôs no Senado a teoria segundo a qual "o Estado compreende dois corpos, um fraco com a cabeça pouco sólida, o outro sólido mas sem cabeça". Ele seria essa cabeça. Sem recuar diante do assassinato, vê seus ex-aliados, Crasso e César, afastarem-se. Com sua eloquência, Cícero o havia desacreditado: *Quosque tandem abutere, Catilina, patientia nostra?* ("Até quando, Catilina, abusarás de nossa paciência?"). Foi finalmente vencido e morto em combate.

Quanto aos outros súditos e cidadãos da Antiguidade greco-romana, alforriados e por conseguinte livres, a inveja engendrou seu ressentimento contra os poderosos. A hostilidade disseminada contra eles deveu-se menos à riqueza em si, como mostrou Paul Veyne, do que à sua ostentação. Mostrar-se magnânimo com a coletividade cívica decerto não bastava para atenuar a soberba do rico. "Ofereceste-me um espetáculo", declarou um herói de Petrônio, "mas eu, por minha vez, aplaudi-o: faça as contas, dou-te mais do que recebo, uma mão lava a outra." A generosidade do doador era paga antecipadamente pela distância social de que ele gozava. A doação e a generosidade não reduziam em nada a inveja, uma das raízes do ressentimento. Maneira de ver que no Mediterrâneo, por sinal, pode ser encontrada ao longo dos séculos: "O senhor soube confiscar nosso dinheiro antes de ser generoso", diziam os camponeses, no século XVII, a um notável espanhol que acabava de fazer uma doação significativa à Igreja.[1] E, a partir da Idade Média, a gratidão tornou-se ainda menos justificada, visto que a generosidade das elites passou a ser uma exigência da fé ou do poder dos bispos.

Depois da Idade Média a inveja só aparecia se a desigualdade que a suscitou podia desaparecer. Ela não era dirigida contra as riquezas eternas, as da Igreja.

Quando não eram os bens das pessoas que eram cobiçados mas seu talento inacessível, o ressentimento podia levar ao assassinato — como o de César por Brutus, cujo amor pela República provavelmente não passava de uma de suas motivações. Mais próximo de nós foi o assassinato no sentido figurado que Salieri cometeu, traumatizado pelo talento fora do comum do jovem Mozart, que se alimentava desse ressentimento e cuja carreira Salieri acompanhou.

[1] Citado por J. Caro Baroja em *Honour and Shame: the values of Mediterranean society.*

Ainda mais próximo, tendo feito a descoberta do incomparável Charlie Chaplin, o cômico W.C. Fields declarou que passou a vida inteira querendo assassiná-lo.

A época do cristianismo

Com o cristianismo, o divino não se identificava mais com a ordem do mundo ou com um poderoso, mas com uma criatura fraca como vocês e eu, Cristo, o que fazia de cada um seu igual, contanto que se acreditasse nele. A natureza certamente não era igualitária, mas para os cristãos todos os homens são iguais em dignidade. Assim, surgiu a ideia dos direitos humanos, e também a de uma comunidade universal acima das práticas dos diferentes povos do Império Romano. A fé exigia confiança no ensinamento de Cristo, ou seja, não mais imaginar que é possível pensar apenas por si.

Para aqueles que a vida maltratara, os escravos e outros perseguidos, a reviravolta chegou após uma longa e impotente espera: operou-se então uma inversão dos valores para essas vítimas, que podiam até nutrir em seu coração a esperança de algum revide contra os opressores, mas era em vão. O cristianismo lhes promete esse revide: "Como não posso me vingar dos poderosos, conto com Deus: não dizem por aí que 'os últimos serão os primeiros', que 'bem-aventurados são os perseguidos, pois deles é o reino dos céus'?".

Ora, enquanto para a sociedade antiga a escravidão era considerada natural, a posição da Igreja cristã parecia ambígua. De um lado, ela queria a atenuação da escravidão, mas de outro não lutava contra ela, não libertava seus próprios escravos e não os admitia no clericato. Mais que isso até, julgava que libertar os escravos era o mesmo que diminuir o patrimônio de Deus... Santo Agostinho e Isidoro de Sevilha (séculos IV e VI) proclamaram a legitimidade e a necessidade da servidão, concebida como meio providencial de redenção da humanidade pela penitência.

Contudo, ao proclamar que "todos os homens são irmãos" e oferecer aos escravos fugidos um asilo em suas igrejas, onde se podiam realizar as alforrias, o cristianismo também humanizou essa servidão. O escravo era batizado e dessa forma despojado de seus pertences. Ao afirmar seu amor pelos pobres, utilizando uma linguagem simples e direta e tornando visível sua ação, os bispos fundamentaram sua autoridade nessa ajuda aos desafortunados, gerando assim uma oferta que favorecia muitas demandas. A Igreja criou uma nova sensibilidade: nessa religião, a moral prevalecia sobre o rito.

Produziu-se então uma espécie de sociedade da ambivalência, com inúmeros súditos do Império Romano levando uma vida como que dúbia. Uma seguia os preceitos dos apóstolos, a outra obedecia às ordens do Estado, mas já se distanciando de suas instâncias e recusando-se a perpetrar determinadas ações, como entrar em guerra, por exemplo — "Bem-aventurados os pacificadores, pois serão chamados filhos de Deus". Segundo Tertuliano, os primeiros mártires contra o serviço militar surgiram no século III. Operou-se assim um divórcio entre a obediência à lei, que — até Constantino — considerava o cristianismo crime, e uma sociedade que pouco a pouco se cristianizava de baixo para cima, chegando até Maria, mulher do imperador Cômodo.

O cristianismo pedia o afrouxamento da escravidão. Depois que o próprio imperador Constantino converteu-se, em 312, o Estado investiu no respeito à justiça e à humanidade: proteção dos pequenos contra a arbitrariedade dos poderosos, proibição de separar o escravo de sua família por ocasião de uma venda, proibição dos espetáculos de gladiadores etc.

Porém, se por um lado a sorte dos infelizes era amenizada, as duas primeiras *Cartas* do imperador cristão após sua conversão estigmatizavam aqueles que, após terem crucificado Jesus, não se juntassem à religião "universal" — os judeus e os que contestavam seus fundamentos, os heréticos, como Donato e mais tarde Ário. Era contra eles que seria exercido o ressentimento da Igreja durante alguns séculos, mais contra os heréticos do que contra os judeus, recriminados apenas por serem semicristãos.

Ao mostrar que a revolta dos escravos na Antiguidade começa quando o ressentimento torna-se criador e gera verdadeira reação — a revolta — ou ainda inversão dos valores, com a fé cristã oferecendo compensação numa vingança imaginária, Nietzsche e depois Scheler trouxeram à luz uma estrutura cuja vigência convém verificar. As conclusões dos dois divergem: perversa para Nietzsche, pois o homem perdia sua soberania; feliz para Scheler, pois nela o homem encontra sua liberdade.

Quando o perseguido se torna perseguidor

Uma das características mais espetaculares da mudança que se observou quando o imperador romano Constantino converteu-se ao cristianismo, em 312, foi de fato essa inversão: o perseguido se transforma em perseguidor.

Até essa época o cristão fora vítima das leis imperiais, o delito religioso sendo considerado desobediência civil. Não se punia o cristão (ou o judeu) por causa de suas crenças, mas porque ele não participava plenamente da vida da cidade — recusando-se, por exemplo, a fazer sacrifícios em honra do soberano ou dos deuses oficiais ou manifestando-se de maneira hostil à passagem de um monarca, o que levou o prefeito Flaco, sob Calígula, a ordenar um massacre de judeus.

Numa obra sobre as perseguições na Antiguidade, Marie-Françoise Baslez listou dezenas de ações das autoridades contra os cristãos, sem contar as que tinham como objeto, além dos judeus, os astrólogos, caldeus etc., ou as que visaram os judeus durante a segunda destruição de Jerusalém, em 70.

Embora seja difícil avaliar o número de mortos e mártires cristãos, considera-se que durante a perseguição de 300-303 a província da África teve cerca de 200 mártires, o Egito, 144 e a Palestina, 44 num único ano. Mas há outros mortos e perseguidos além dos mártires. Vistos principalmente como perturbadores da ordem pública, os cristãos viviam numa insegurança permanente, alimentada pelo temor de tudo que pudesse desencadear perseguição, seja qual fosse sua origem. Alimentavam-no catástrofes naturais, incêndios, violência urbana, até mesmo irritação ou angústia do príncipe. Em *Sobre a morte dos perseguidores,* Lactâncio, o "Cícero dos cristãos", descreveu as origens da perseguição promovida por Diocleciano em 299-301.

Diocleciano passava uma temporada em Antioquia, preparando uma expedição contra os persas sassânidas. Ansioso, consultou os arúspices, segundo a lei itálica mais antiga. Ora, as vísceras permaneciam mudas, os deuses recusavam-se a dar um sinal sobre o desfecho da campanha. Uma grande ameaça pairava então sobre os planos do imperador. Seu arúspice oficial imputou o silêncio dos deuses à presença dos cristãos da guarda e da Casa Imperial, que teriam se persignado a fim de dessacralizar a cena à qual assistiam. Eles foram denunciados, fazendo com que, segundo Lactâncio, Diocleciano, às voltas com uma inquietude mística, decidisse expurgar o exército de seus cristãos, e dos maniqueus. A perseguição teve início a partir do início de 303: previam-se demolição das igrejas, destruição dos livros, confisco dos cálices sagrados, proibição das reuniões, privação dos direitos civis para os cristãos notáveis, escravização dos membros da Casa Imperial e encarceramento dos chefes da Igreja. No fim do ano houve uma anistia em virtude da superlotação das prisões, com a condição de oferecerem sacrifício público. Em seguida, ocorreu massacre dos cristãos de Nicomédia (hoje Nizmit), de Irene e de um grupo de mulheres em Tessalônica por posse de livros proibidos etc.

Como explicar a reviravolta, algumas décadas mais tarde, que fez com que o ressentimento das vítimas — os cristãos — as transformasse em perseguidores, não contra o Estado e o imperador, uma vez que ele se converteu, mas contra os pagãos, os judeus e, mais ainda, contra os cristãos como eles?

Ao que se refere aos judeus, definidos como deicidas, voltaremos adiante. Mas lembremos desde já que antes da conversão de Constantino em 312 eles haviam sido vítimas, junto com os cristãos, de perseguições comuns, de medidas de clemência comuns, excetuando-se as relações conflituosas que já mantinham entre si.

Causa espécie a transformação dos cristãos perseguidos em cristãos perseguidores de cristãos. Marie-Françoise Baslez constata isso no fato de que os cristãos só representavam uma facção entre outras na cidade, uma ameaça que não interferia em seu funcionamento, ao passo que, agora, era no seio da Igreja que se encontravam as facções. Um dos primeiros exemplos é o dos adeptos do bispo Donato, que não aceitava que os *lapsi* — isto é, aqueles que durante as perseguições cometeram apostasia ao queimar incenso no altar dos deuses pagãos ou devolvendo os livros sagrados às autoridades — permanecessem cristãos ou fossem rebatizados. Esses puros julgavam que o imperador não devia interferir no cristianismo. Afinal, resistiram à perseguição, tiveram entres eles mártires que foram um exemplo como resistentes, imitadores de Cristo, e lutaram por sua religião como missionários. Ora a Igreja perseguiu esses donatistas — pois, em especial na África, reunira-se o maior número de cristãos —, ora estes queriam retornar à sua fé e não era possível rechaçar a todos que haviam cedido. Assim, os donatistas se tornaram vítimas de uma perseguição.

Nesse exemplo, um dos primeiros, misturavam-se ressentimento, exigência de pureza e talvez também um ranço identitário — no caso, reação à romanização.

Os judeus e os heréticos, na Idade Média e depois

Deicidas, responsáveis pela crucificação de Cristo, os judeus traumatizaram o povo cristão. Já haviam suscitado a cólera do imperador romano ao se negarem a oferecer sacrifícios ao culto de sua pessoa. Porém, sob o Alto Império, negando-se a assimilá-los, os imperadores lhes haviam concedido privilégios para seguirem os preceitos de sua religião. Ora, isso mudou com a conversão do Império ao cristianismo: se Constantino contentava-se em estigmatizá-los, Constante tomou contra eles decisões hostis forjadas no arsenal criado anteriormente contra as facções. Paralelamente, proibiu os pagãos de celebrar sacrifícios. Reviravolta com Juliano, o Apóstata. Para ele, Javé não passava de um deus étnico, digno de respeito. Queria desarmar o ódio dos judeus à Roma e, principalmente, desmentir a profecia de Jesus segundo a qual a ruína do templo de Jerusalém seria definitiva.

Esse reconhecimento da judeidade despertou o fanatismo cristão. Em resposta, foi a vez dos judeus queimarem igrejas, gerando uma primeira escalada de massacres. Retorno à perseguição com Teodósio, que, em 382, confirmou a proibição imposta aos judeus de possuírem escravos cristãos. Estipulou, além disso, que os casamentos entre judeus e cristãos fossem punidos como adultérios. Mas esclareceu que nenhuma lei proibia a "seita judaica".

Entretanto, para a Igreja, a perseguição aos inimigos de Cristo era uma prova de identidade, uma maneira de se diferenciar, já que os judeus não podiam admitir que Cristo, tendo sido crucificado, pudesse ser um deus, pois para eles Deus encarna a onipotência. Ora, para a Igreja essa prova de identidade devia conduzir os cristãos a definir o status do judeu no mundo cristão. "Não os mate de medo para que meu povo esqueça, mas que teu Poder os expulse e abata, isto é, os envileça." A inferioridade judaica devia ser constantemente ofendida a fim de valorizar na mesma medida a identidade cristã.

Entretanto, durante vários séculos, embora temesse a concorrência e a influência do judaísmo, e decerto pregasse a separação entre cristãos e judeus, a Igreja não procurou eliminá-los.

Observa-se contudo, por volta do século XII, uma passagem do antijudaísmo a uma hostilidade mais radical. Era interiorizada sobretudo nos meios populares, à medida que a Igreja passou a legislar sobre a vida dos cristãos, multiplicando as proibições, principalmente sexuais. O corpo impuro do judeu que vivia isolado podia contaminar o cristão. Mas que faziam então esses judeus, que não saíam da concha e aferravam-se a seus costumes? Transpiravam as piores fantasias acerca de sua autorreclusão, suscitando pouco a pouco desconfiança, inveja e ódio.[2]

Até então, as manifestações de antijudaísmo eram relativamente raras, assim como as perseguições. Outorgar aos judeus, paralelamente às interdições de que eram objeto, o direito de emprestar a juros suscitou um recrudescimento da hostilidade popular, com a Igreja estipulando que "emprestando a juros, os judeus eram identificáveis a um inimigo". Dessa forma, causavam prejuízo ao Tesouro do Estado, recolhendo juros que diminuíam o capital tributável na mesma proporção. E "era o judaísmo que lhes ditava essa vontade de prejudicar". Acusação que não era feita aos lombardos, não judeus, e a outros banqueiros no mundo cristão.

Mas foi a partir das reformas gregorianas, e mais ainda da influência da Igreja sobre as monarquias do Ocidente, que os judeus foram isolados em guetos, onde perpetuavam suas tradições, singularizando-se ainda mais. Tornaram-se assim as primeiras vítimas das cruzadas. Foram acusados de assassinatos rituais, até mesmo de envenenarem os poços durante a peste de 1348 — em suma, de desejarem a morte da cristandade.

[2] Alain Boureau.

A impotência de se vingar gerava um ressentimento que a Igreja alimentava à medida que sua autoridade se consolidava, com o monarca passando a ser seu primogênito. Na França, por exemplo, o bondoso São Luís, "rei da ponderação e da probidade", disse efetivamente a Joinville que

> quando um leigo ouve um judeu maldizer a lei cristã, ele não devia defendê-la a não ser pela espada, a qual devia enfiar na barriga de seu adversário o máximo que conseguisse penetrar.

Geração após geração, o ensinamento da Igreja perpetuou esse ressentimento, que se fortaleceu com outros componentes, tanto no Ocidente como nos países ortodoxos. Na Espanha, face ao Islã e ao judaísmo, era antes o espírito de cruzada que prevalecia. Já nos países mediterrâneos, na Grécia e na Itália, onde o papa reinava, escapava-se de certa maneira às formas mais agressivas do ódio contra os judeus. No Languedoc e na Provença, por exemplo — onde o desenvolvimento precoce do comércio e do crédito cristãos tornavam os judeus menos diferenciados do restante da sociedade —, participava-se decerto do antijudaísmo da Igreja, mas não se verificaram assassinatos rituais, o primeiro inquérito tendo ocorrido em Valréas, em 1247.

No restante da Europa, porém, a sorte dos judeus só piorou, como mostrou Léon Poliakov. Seja em consequência da fome — como a de 1315, que suscitou a cruzada dos pastores, não mais contra os sarracenos, mas contra os judeus, em particular na Aquitânia —, seja em consequência da peste de 1348, sobretudo na Alemanha, onde as "tocas de judeus" (os *Judenlachen*) multiplicaram-se.

Na Itália, em San Fratello, aldeia de montanha atrás de Palermo, celebra-se na Páscoa a partir dessa época o divertimento dos *Diabos judeus*. A aldeia se divide em dois lados, um representa a Paixão, o outro, os judeus — que, fantasiados de diabos, tumultuam freneticamente a procissão, entre outras estripulias.

Essas tragédias aceleraram a relegação dos judeus a guetos, ou o seu banimento, ou ainda a autorreclusão. Como escreveu Erasmo: "Se um bom cristão deve detestar os judeus, então somos todos bons cristãos".

No Ocidente, a acolhida dispensada à apresentação de *O mercador de Veneza* em 1596 pelos judeus da Inglaterra, assinalada por Jean Clavreul, permitiu constatar que o ressentimento brotava não mais dos cristãos, mas dos judeus, e que ele desaparecia quando estes eram confrontados com uma situação percebida como hostil.

E no drama de Shakespeare não se trata apenas de antijudaísmo. Todos lembram que um rico mercador, Antonio, é obrigado a pedir dinheiro emprestado a seu inimigo jurado, Shylock, um agiota judeu. Este aceita emprestar sem juros pedindo apenas como garantia da dívida um bilhete assinado que concede ao credor o direito de retirar uma libra de carne de seu devedor. Antonio aceita, julgando ser uma piada, mas quando o prazo se esgota e Antonio não paga, Shylock faz questão de sua vingança e invoca a lei do Estado encarnada pelo doge a fim de que o contrato seja respeitado. Impotente para se vingar das afrontas de que foi vítima quando apenas a profissão de credor lhe era permitida, Shylock alimenta-se de sua expectativa. E assim, ele pensa, seu ressentimento irá finalmente encontrar satisfação na vingança. Só que uma inversão teatral acaba por lhe privar dela com a descoberta de uma outra lei que proíbe fazer correr sangue cristão. Desse modo, por ter pretendido violá-la, Shylock é condenado a se converter ao cristianismo.

O interesse dessa história reside no fato de que, no desenlace da trama, os espectadores judeus da peça, longe de condenarem sua essência antijudaica, acolhem-na favoravelmente. Em primeiro lugar, porque ela provava que o judeu respeita mais os contratos do que o dinheiro que emprestam. E principalmente porque, em vez de serem vítimas de leis de exclusão, eram finalmente tratados como os demais cidadãos de Veneza.

Não eram mais apenas diferentes dos outros, podiam ser ao mesmo tempo semelhantes, embora mantendo suas tradições. Enraizados nessa terra, sua recusa à conversão no entanto iria condená-los a viver num gueto, o de Veneza, que assim foi um dos primeiros da Europa.

Dois séculos depois da expulsão dos judeus da Espanha e de sua diáspora, de Bordeaux a Amsterdã, da Itália à Grécia e ao Magreb, a ideia de uma nacionalidade judaica emergiu na Europa central e sobretudo oriental como reação tanto à laicização quanto ao desenvolvimento do antissemitismo.

Essa dupla ameaça se tornou virtude criativa, com os judeus valorizando sua situação e glorificando-se pelo fato de que dispersos, sem Estado e sem terra, sua identidade se perpetuara exclusivamente graças à fé, exemplo único outrora saudado pelo historiador árabe Ibn Khaldun.

Contudo, foi justamente às regiões que falavam iídiche que se limitou o surgimento do projeto sionista, a ideia do retorno à Terra Santa. Sobretudo após os massacres da Rússia, da Polônia e da Ucrânia de 1881, na esteira do assassinato do czar *libertador* Alexandre II por um terrorista que, por sinal, não era judeu. Outros militantes, mais a oeste e ao sul, julgavam majoritariamente — a despeito da escalada de antissemitismo, principalmente na França e na Alemanha — que a memória de um território de origem é de fato o único laço que une todos os judeus e que estes devem, por conseguinte, continuar cidadãos do país onde residem.

Com a escalada do nazismo e dos movimentos fascistas da Europa central e oriental, tornados párias em diversos países, muitos judeus associaram-se à ideia sionista de um retorno à Terra Prometida.

Uma carnificina recente, herança do antijudaísmo

10 de julho de 1941. O massacre dos judeus de Jedwabe na Polônia está decerto associado à irrupção da Wehrmacht nessa parte do país, que antigamente era russa. Mas o massacre foi culpa dos poloneses, apenas deles, dos quais a Wehrmacht nada exigira. Mil e seiscentos judeus viviam nesse vilarejo e apenas sete sobreviveram, salvos por uma polonesa que morava nas cercanias. Todos os outros foram massacrados por seus vizinhos a porretadas, queimados com gasolina ou afogados nos pântanos.

"Chegou a hora de ajustar as contas com aqueles que crucificaram Jesus Cristo", explicou um dos autores do massacre, *a posteriori*, em 1949. "Sim, aprendemos isso na escola." Confirmou que os poloneses agiram espontaneamente, com os alemães às risadas assistindo ao espetáculo das atrocidades e tirando fotos. O pároco, a quem pediram que socorresse algumas vítimas desafortunadas, negou-se a intervir.

Como se quisessem ser testemunhas de um horrível milagre, conta-nos Jan T. Gross, autor de *Os vizinhos*, todos esses poloneses, das crianças aos velhos, homens e mulheres, acorriam com a alegria estampada no rosto para ver aquelas vítimas que assassinos poloneses haviam matado a golpes de porrete.

Saber que os judeus haviam crucificado Jesus era efetivamente a primeira ferida sofrida por esses poloneses desde sua mais tenra infância. Herdada de geração em geração, suscitara um desejo de vingança finalmente consumado.

"Aprendemos isso na escola..."

Na verdade, depois da Constituição de 1921, a Igreja católica dispunha, na Polônia, de 90% das subvenções concedidas às escolas em que o ensino religioso era regra. Ainda em 1936, uma *Carta pastoral* do primaz da Polônia acusava os judeus de todos os males. Estava-se longe da época feliz em que, protegidos pelo monarca, os judeus obtiveram de Sigismundo Augusto uma carta de proteção, mediante imposto, como de praxe. Com a desagregação do país no século XVIII, voltava o tempo das perseguições que a Igreja católica encorajara ao contestar as leis de proteção que os judeus haviam conquistado, ameaçando de castigo aqueles que crucificaram Jesus, a menos que se convertessem.

Só que na escola não lhes haviam dito que Jesus era judeu...

Esse massacre era o prenúncio do extermínio sistemático que o poder nazista viria a perpetrar, facilitado pela presença da Wehrmacht mas de iniciativa exclusivamente popular e espontânea.

Essa carnificina não passava da mera expressão do ressentimento militar.

"Aprendemos isso na escola."

Mas na Alemanha era a mesma coisa, e não apenas na escola, na medida em que toda cultura engendrava e alimentava hostilidade aos judeus: catecismo, educação familiar, pregação... Nesse antijudaísmo enxertou-se um antissemitismo nascido, sob certo aspecto, da democratização das sociedades ocidentais, na esteira da Revolução Francesa. A democracia permitiu aos judeus, agora cidadãos, que se disseminassem na sociedade por terem naquele momento atividades diversas — artes, literatura, política etc. — e não mais apenas profissões banais ou o comércio do dinheiro em relação ou não com o Estado. Daí em diante percebidos como concorrentes, viam-se ao mesmo tempo dentro e fora da sociedade, pois vários deles preservavam, em parte ou na totalidade, suas tradições, a ponto de possibilitar o surgimento da ideia de que constituíam uma raça. Assim, um antissemitismo mais ou menos intensamente racista pode ser acrescentado ao antijudaísmo original, que havia igualmente expandido sua atividade missionária ao longo dos séculos.

O interesse do livro de Jeanne Favret-Saada é demonstrar o esquematismo dessa apresentação da passagem do antijudaísmo ao antissemitismo. Em vez de enxergar nela uma sucessão de dois fenômenos, a autora mostra que a herança cultural do antijudaísmo pode sobreviver como "reduto-testemunha", segundo suas palavras, em meio a uma sociedade que se transformou e que, de certa forma, assume seu antissemitismo.

Sua argumentação se apoia no estudo do *Mistério da Paixão* tal como comemorado em Oberammergau, na Baviera, desde 1634, e que alcançou a glória internacional no século XIX, atraindo centenas de milhares de participantes — em muitos casos provenientes do outro lado do Atlântico. Em 1901, o *Mistério* bávaro não deixara de ser acusado de celebração antissemita, quando nessa data o termo "antijudaísmo" teria sido igualmente apropriado, ainda que a fusão dos dois sentimentos já se tivesse efetuado. No dia seguinte à eclosão da Segunda Guerra Mundial, associações judaicas americanas e outras, não judaicas, denunciaram essas características do *Mistério*. Claro, com o Vaticano II, a Igreja manifestou arrependimento sincero, prometendo rever a formulação dos catecismos e outros sermões. Na quarta sessão do Vaticano II (1962-1965), Paulo VI declarou que "a Igreja reconhece e assume sua origem judaica; os judeus, nossos irmãos, não são responsáveis pela morte de Jesus Cristo na cruz".

Nem por isso, entretanto, assumiu o passado de suas relações com os judeus. De maneira que, em nome da tradição a ser respeitada, com exceção de alguns detalhes apenas, os Oberammergau puderam perpetuar o espírito antijudaico de sua Paixão. Com efeito, o espetáculo era construído de tal maneira que os participantes, assim como os poloneses de Jetwabne, não pudessem pensar que Jesus fosse judeu também — o que exacerbava seu ressentimento contra aqueles que o haviam crucificado.

Por sua vez, apesar desse arrependimento manifestado por João XXIII na Terra Santa, os judeus da diáspora e de Israel nutrem um ressentimento contra o papado, cujo comportamento a respeito dos nazistas permanece mancha indelével. Ainda que seu silêncio obstinado durante o genocídio, claramente apontado pelo relatório do cardeal Spellmann em maio de 1942, se explique ao mesmo tempo por seu fervor pela Alemanha e sua hostilidade pelo bolchevismo e pelas "marxo-democracias", a ferida permanece. Permaneceu viva mesmo quando outros que não os judeus — os sérvios sobretudo — foram vítimas desses crimes e desse silêncio cúmplice.

Desde então, o ressentimento dos judeus foi diversas vezes reativado, principalmente com a beatificação do papa Pio IX, que xingava os judeus de cachorros, decisão apresentada como assunto interno da Igreja Católica "que não prejudica em nada sua relação com eles".

Já o ressentimento contra os responsáveis pelo genocídio ou seus cúmplices — como o grupo de Vichy — pôde ser atenuado no que se refere aos governantes alemães, pois depois da tragédia estes, de Brandt a Schröder, multiplicaram constantemente os sinais de arrependimento, manifestando assim que a culpa de seu país não parava de atormentá-los.

Nem por isso é certo que a classe média ou as classes populares de determinada faixa etária partilhem dessa atitude. Ao lembrar-se de suas antigas vitórias e de sua glória recuperada graças à economia, elas raramente sentem arrependimento, cultivando a confiança em sua força e vivendo com a consciência tranquila.

Em 1958 um comerciante alemão dizia a Jean Amery, sobrevivente de um campo da morte:

> O povo alemão não guarda nenhum rancor pelo povo judeu: prova disso é a generosa política de reparações promovida pelo governo, ao qual o Estado de Israel prestou homenagem cabal... Tendo sofrido tanto em Stalingrado quanto em outros lugares, os alemães não alimentam nenhum rancor nem pelos resistentes nem pelos judeus. Não eram todos vítimas? (*sic*).

Foi então e apenas então que o ressentimento de Jean Amery, belga, resistente e israelita, voltou à tona. Face à arrogância da nova Alemanha, ele se sentia de novo só e impotente.

Outras estocadas se seguiram.

Como a construção do Memorial do Holocausto em Berlim, em parte confiada à empresa que durante a guerra produzia o Zyclon B, segundo o *Frankfurter Rundschau*.

Ou as declarações do deputado democrata-cristão Martin Höhmann, em 14 de novembro de 2003, para quem "os alemães nunca tiveram direito à indulgência. A quadrilha dominante dos historiadores e dos homens políticos opõe-se a isso com todas as suas forças... esquecendo-se de que os judeus também cometeram crimes, que foram esses judeus bolcheviques que traumatizaram Hitler".

Voltaremos a esse mito.

Uma cruzada contra cristãos heréticos

Para o catolicismo, a *heresia* era o principal inimigo a ser combatido. Fora preciso mais de um século para que se constituísse o credo único que o fundamentava. No início do século V, Santo Agostinho contabilizava 88 heresias. "É herético aquele que não apenas está no erro, como insiste nele." Desde a época de Constantino, aqueles que recusavam a autoridade dos padres da Igreja eram perseguidos pelo Estado, antes que, alguns séculos mais tarde, a heresia fosse considerada crime de lesa-majestade. Esses heréticos ora punham em dúvida a realidade da Trindade, ora rejeitavam o batismo das crianças, ora denunciavam o poder temporal do papa, ora viam nele o Anticristo — mas sobretudo condenavam a corrupção da Igreja, exigindo o retorno à pureza das origens. Queriam purgá-la dos prazeres da carne, do amor ao dinheiro e ao poder.

Enquanto esses heréticos agiam separadamente, o papa e os bispos puderam combatê-los, mas depois que se organizaram e dispuseram de base territorial a hierarquia eclesiástica percebeu o perigo. Tratava-se dos albigenses do Languedoc, cátaros que, depois dos valdenses um século antes, pregavam ascetismo e pobreza na planície do Pó. Com eles, era a primeira vez que um papa, Inocêncio III, lançava uma cruzada contra os cristãos.

Como o conde Raimundo VI de Toulouse, príncipe tolerante e amigo dos trovadores, fazia ouvidos moucos às admoestações, os bispos recorreram ao papa, que encarregou Simon de Montfort, então a serviço dos Capetos, de esmagar a heresia. Foi nessa ocasião que, após ter incendiado e ensanguentado Béziers, o abade geral de Citeaux e legado do papa lançou a seguinte declaração, verdadeira ou apócrifa: "Matem-nos todos, Deus reconhecerá os seus" (1209).

Essa ferida nunca se fechou completamente.

A cruzada dos albigenses permitiu ao rei Luís VIII concluir a subjugação do Languedoc e integrá-lo ao domínio real. Essa integração forçada esteve na origem de uma reação identitária das pessoas do Midi, região ao Sul da França, contra o Norte do reino.

Como cruzados, apresentaram-se aventureiros de todas as origens, que foram chamados "cavaleiros teutônicos" — denominação que está inscrita na lápide de um pequeno cemitério em Auvezines, perto de Revel, onde supostamente 10 mil deles foram massacrados. Sonho de vingança imaginária, ressentimento gravado na pedra.

Ao ressentimento provocado pela repressão cátara sucedeu posteriormente, na Aquitânia, o ressentimento dos *tuchins*, camponeses revoltados contra os pesadíssimos impostos cobrados por um monarca, João, alcunhado "o Bom". Este demonstrava assim sua ingratidão contra aqueles que no tempo da ocupação pelos ingleses atestaram sua lealdade ao rei da França. Depois, no século XVI, a ordenação de Villers-Cotterêts, decretada por Francisco I, proibiu a utilização da língua occitana — a deles — nos atos administrativos...

Da anti-heresia ao antiprotestantismo

A acumulação dessas agressões revela que a mensagem protestante foi mais bem recebida em outros lugares do que no Midi, onde se enraizara um certo anticlericalismo resultante de outras violências cometidas a partir da Inquisição. E, quando revogou o edito de Nantes em 1685, Luís XIV deflagrou uma insurreição nas Cévennes, conhecida como dos *camisards* (protestantes calvinistas).

Assim, de uma ponta à outra de sua história, desde a época do carniceiro de Monségur — quando foram queimados vivos 225 fiéis cátaros em 1244 — até a dispersão dos sínodos do Deserto — onde pastores procuravam manter viva a chama do protestantismo —, a Occitânia sentiu-se vítima tanto do absolutismo monárquico como do absolutismo católico, ambos nitidamente associados.

Na verdade, e isso até a Revolução, o Languedoc é de fato a província de mais rancor contra a monarquia. Os cálculos de João Nicolau atestam que somente o baixo Languedoc conheceu 839 rebeliões — número que somado ao alto Languedoc deixa a província bem à frente da Bretanha (736) ou Île-de-France (808), por exemplo.

Em 1907, a imagem da cruzada retornou com a crise agrícola. Os vinicultores mencionaram "o egoísmo feroz dos plantadores de beterraba do Norte, que sacrificam o Midi, como dignos descendentes de Simon de Montfort". Numa faixa, se lê:

> Todos pela bandeira da vinicultura; como no tempo da antiga cruzada, nosso exército acampou ao pé de Carcassès. Causa nobre, causa santa. Nossos ancestrais caíram como heróis para defendê-la. Vinicultores, meus irmãos, sereis dignos deles.

Nos anos 1960, o renascimento do movimento occitano manifestou-se de Toulouse a Tarascon, provocando novos arroubos no Larzac após 1968, quando o Estado quis confiscar terras para dá-las ao Exército. E hoje, é a partir de Millau, ao pé do Larzac, que José Bové lança sua luta contra os excessos do liberalismo.

Foi, portanto, um ressentimento de longa duração que instigou a revalorização de uma cultura própria face à violência vulgar do Norte, desde a arte dos trovadores até a eclosão do movimento felibrígio de Frédéric Mistral, no século XIX, e o fortalecimento de uma consciência regional.

Um dos méritos da obra de Philippe Joutard sobre os *camisards* foi mostrar que, nas Cévennes, certa suscetibilidade a esse passado sobreviveu pela tradição oral. Naturalmente, a partir do século XVIII, querelas exegéticas eruditas animaram muitas discussões entre católicos e protestantes. Porém, abstraindo as reminiscências, a memória se tornou uma recordação de família que, a partir de 1702-1704, passou a ser transmitida de boca em boca. Trata-se da lancinante manifestação de um ressentimento que se exprime sob formas variadas, mas sempre contra o Estado centralizador. Simbolicamente as Cévennes e o Rouergue pretendem-se terras de refúgio ou de resistência, que sob a Ocupação estenderam a mão a diversos refugiados e outros refratários ao STO (Serviço do Trabalho Obrigatório), incluindo numerosos marqueses.

Foi apenas com o edito de tolerância de Malesherbes, em 1787, que o conjunto dos protestantes da França acreditou que estava completamente reintegrado na comunidade nacional. Seu culto foi oficialmente reconhecido por Bonaparte em 1802.

Por outro lado, o ressentimento dos católicos voltou a ganhar força à medida que a Igreja reformada praticou, após 1815, um certo proselitismo. As ciências históricas estavam então em pleno desabrochar, e ressuscitaram o dossiê do "período turbulento", que hoje chamamos "guerras de religião". Na época, Montaigne tinha uma compreensão aguda dos acontecimentos ao escrever que "nessas divisões da França, cada um trabalha para defender sua causa [...] com dissimulação e mentira". Na verdade, por trás do conflito religioso acerca da leitura da Bíblia, do comportamento do clero e Deus sabe o que mais, ainda uns e outros buscavam o poder real, cuja natureza era questionada pelos protestantes, ao passo que os católicos condenavam sua independência crescente frente à Igreja e ao papa.

No século XIX, a polêmica antiprotestante renasceu sob outra forma. Incidiu menos sobre as práticas da fé ou do poder — monárquico até 1848, imperial até 1871, depois republicano — que na identidade da nação-França, primogênita da Igreja para uns, filha da Revolução de 1789 para os demais.

No dia seguinte à derrocada de 1870-1871, a extrema direita, liderada por Charles Maurras, ressuscitou as diatribes enraivecidas contra os protestantes. Alguns jornais, como *Le Pays*, *La Délivrance*, consideravam os protestantes "estrangeiros do interior" que participavam de uma espécie de complô contra a nação. De Wycliff a Lutero, suas ideias não vinham dos países que eram nossos inimigos? Os protestantes, explicava também Maurras, constituíam um Estado dentro do Estado, seu cosmopolitismo estava nos antípodas do sentimento nacional. Eles privilegiavam o indivíduo e o universal em detrimento da comunidade nacional, acrescentava Maurice Barrès.

"Que os protestantes desapareçam", escreve sumariamente Émile Zola em 1881. "Eles colonizam a nação, pervertem sua alma, matriculando-se em massa na escola laica"... Massa esta relativa, observemos, uma vez que constituem 2% a 3% da população... Quando dois ou três deles foram ministros em torno de 1880 — o engenheiro Freycinet e o diplomata Waddington —, "eles estavam por toda parte", escreveu *L'Action Française*, de Maurras. São as mesmas invectivas que logo encontraremos a respeito dos israelitas, chamados de judeus para chocar ainda mais. Era época do caso Dreyfus, cujos defensores eram geralmente alsacianos, como ele, ou protestantes e duplamente suspeitos. Sem falar de Émile Zola, que se aliou à facção dos Direitos do Homem.

Ora, não havia mais complô protestante, assim como não houve complô judaico, pura e simplesmente inventado nos *Protocolos dos sábios de Sião*, falsa ata do congresso dos sionistas no qual eles teriam elaborado um plano de dominação mundial — uma fraude executada pela polícia czarista.

No fim da Primeira Guerra Mundial, pode-se estimar, com os sociólogos Bauberot e Zuber, que entre católicos e protestantes na França "o ódio é esquecido". Porém, o adormecido ressentimento contra os protestantes ressurgiu sob a Ocupação, emanando dos fascistas franceses.

Quando se revelou, em 1941, que em nome do Conselho Nacional da Igreja reformada o pastor Boegner manifestou a indignação da consciência cristã diante das medidas tomadas pelo governo de

Vichy contra os judeus, *Le Pilori* escreveu: "É incrível, mas é verdade... Uma carta inadmissível do chefe da Igreja protestante... Esse cristão não pode ignorar quem foram os assassinos de Cristo." O artigo sugere que o pastor, traidor da causa da França e sabotador da obra do marechal Pétain, partilhe a sorte de seus "irmãos judeus".

Desde então, diante da lembrança das perseguições antigas, das suspeitas renovadas, das medidas vexatórias emanando do clero católico, e a despeito de estarem em vias de extinção depois do Vaticano II, quem pode dizer que não permanece uma sombra de ressentimento nos protestantes franceses?

Fora da França, teríamos que abrir um dossiê comparativo da situação no Québec e na Irlanda do Norte, onde o problema identitário e a questão social interferem com o problema religioso. Pelo menos, nessas duas democracias, o diálogo terminou por prevalecer. Ainda que subsista, como na França, a reciprocidade dos ressentimentos.

CAPÍTULO 2

Revoluções: a parte do ressentimento

Em que medida as revoluções constituem uma das expressões radicais do ressentimento? Eis uma pergunta pertinente, que se faz acompanhar da seguinte constatação: a metamorfose da revolta em revolução — fosse ela contra a aristocracia em 1789 ou contra a burguesia em 1917 — é compreendida como enxerto na rebelião secular das classes populares.

Será que identificar a parte do ressentimento nesses acontecimentos traz um complemento de inteligibilidade a fenômenos percebidos acima de tudo como conflitos entre ordens ou entre classes?

Tanto em 1789 quanto em 1905, essas revoluções viram seus protagonistas apoiar o monarca por um momento em busca de um fim aos sofrimentos e à cólera que estavam em sua origem. Mas esse momento não durou. Rapidamente, a violência se generalizou e a tudo devorou. Foi em primeiro lugar uma consequência da desilusão suscitada pelo comportamento do monarca, que se recusava a admitir que o absolutismo fosse questionado ou a ordem social, derrubada. Em seguida, essa violência foi a manifestação de um ressentimento do qual resultou a ideia de que nada poderia impedir mais uma regeneração cuja bandeira estava doravante desfraldada.

Encontramos essas características e os laços que as unem nessas duas revoluções.

França 1789-1793: contra o rei, contra os aristocratas, contra os ricos

Em 1789, François-Noël Babeuf — mais tarde conhecido como Gracchus — escreveu à sua mulher, horrorizada com os assassinatos de Foulon, conselheiro de Estado acusado de ter especulado com os grãos, de Launay, diretor da Bastilha, de Flesselles, representante dos comerciantes, em 14 de julho. Diz ele: "Compreendo que o povo faça justiça por suas próprias mãos, aprovo essa justiça quando ela é saciada com a destruição dos culpados, mas poderia ela não ser cruel nos dias de hoje? Os suplícios de todo tipo, o esquartejamento, a tortura, a roda, as fogueiras, a chibata, os patíbulos, os carrascos disseminados por toda parte nos legaram péssimos costumes.... Os patrões, em vez de nos refrear, nos tornaram bárbaros, porque eles próprios o são. Colhem e colherão o que semearam, pois tudo isso, minha pobre mulher, terá sequelas terríveis ao que parece: estamos apenas no começo".

Ao longo de dois ou três séculos, a expansão dos poderes do Estado e a violência do sistema feudal cruzaram seus efeitos, criando um sentimento de arbitrariedade contra aqueles que estavam em sua origem. Em 1789, quando na esteira da crise financeira e da revolta da nobreza Luís XVI aprovou a redação dos *Cahiers de Doléances*[1], que devem preparar a reunião dos Estados Gerais, o monarca era de certa forma visto como árbitro redentor.

[1] *Cahiers de Doléances*: requerimentos elaborados a pedido de Versalhes, uma espécie de consulta às necessidades e anseios da população.

"Eis então que chega o dia da cólera", assinalava um libelo, *Dies irae ou les Trois ordres au jugement dernier*, "o dia da justiça e da vingança. Quando o rei investido por seu povo ocupar o trono da verdade e tudo examinar, tudo fundamentar, tudo reformar, tudo regenerar, de um lado veremos a baixeza da ganância dos nobres, a hipocrisia e a avidez dos padres, e, de outro, o que o povo padeceu de humilhações, vexações e injustiças."[2] Segundo um relato anônimo, os moradores do Limousin foram convencidos de que o bom rei aparecera de tamancos e trajes de camponês à igreja e se sentara no banco de um senhor. Este o expulsara vergonhosamente, o que teria motivado o rei a ordenar a todos os seus súditos do Terceiro Estado que queimassem aqueles bancos, depois ordenando a queima dos títulos etc.

A formação intelectual dos redatores dos *Cahiers*, observa Jean Nicolas — pequenos burocratas, tabeliães encarregados da guarda dos atos públicos, advogados, vigários e párocos mais ou menos impregnados de galicanismo ou jansenismo, globalmente contestadores — no mínimo devia tanto à sua prática social e ao ambiente em que viviam quanto às teorias dos filósofos e economistas. Eles fizeram seu aprendizado político no terreno, sabiam então perfeitamente o que havia de caduco nas antigas estruturas. "Logo, era natural que tivessem ciência dos pontos de vista das populações consultadas, cujas recriminações destacavam seus próprios ressentimentos."[3]

> Ninguém dirá mais "se o rei soubesse, se o rei soubesse".
> O rei, o melhor dos reis, o pai de uma grande e bem-comportada família, saberá. Todos os vícios serão destruídos.

[2] Citado por de Baecke, p.215-6.
[3] Jean Nicolas, p.540.

> A venturosa, a virtuosa indústria, a probidade, o pudor, a honra, a virtude, o patriotismo, a delicadeza, a igualdade, a concórdia, o trabalho, a piedade, a economia, todas essas belas virtudes serão honradas, a sabedoria por fim reinará sozinha. O amor recíproco dos príncipes e dos súditos erigirá esse trono digno apenas do rei dos franceses.

Esse *Cahier* de uma pequena comuna perto de Saintes não apenas propagava "a boa nova", esse mundo que iria mudar, como confirmava a expectativa de que o soberano subscreveria, encarnaria e dirigiria a mudança.

Ora, após esse apelo à nação, tão prenhe de esperanças, seu comportamento não foi aquele que a terra francesa esperava. Decerto ele dobrou a representação do Terceiro Estado, permitiu que os Estados Gerais se transformassem em Assembleia Constituinte, mas perpetuou o voto por ordem — para que então servia a duplicação do Terceiro Estado? E de concessões em recuos, de recuos em concessões, resultou que, apesar de certa boa vontade e a despeito ou em virtude de sua fraqueza, ele terminava por se associar àqueles que "o convidavam a não ceder ao movimento". Mais tarde, ao se recusar a ratificar a constituição civil do clero, que muitos párocos aceitaram com a finalidade de preservar um direito de veto sobre os projetos das assembleias, ele suscitou a desconfiança de uma parte das classes populares em Paris. Sua fuga para Varennes, em junho de 1791, consumou a ruptura do fio de amor que unia o monarca à nação.

Mas tudo isso era, naturalmente, "culpa dos aristocratas".

Na verdade, já antes desses acontecimentos, nos *Cahiers* de 1789, exprimiu-se o rancor da maioria contra os privilegiados. Os habitantes de uma aldeia, perto de Cézanne, por exemplo, reivindicavam o fim da sociedade de ordens e uma lei igual para todos. "Nós, pobres habitantes, somos aqueles que, de boa ou má vontade, servimos ao rei e à pátria. Somos nós que pagamos os canhões, os fuzis, o imposto para o alojamento das tropas; sem esperança de ver nossos filhos alcançarem os altos cargos militares, a porta está fechada para eles."

Sem dúvida, a recusa de pagar determinados impostos não datava da redação desses *Cahiers*. Mas, de certa forma, o levante de Paris espalhou-se, e nos campos o rumor de um complô aristocrático, uma falsa notícia plausível, gerou o "Grande medo". Os camponeses atacaram os castelos a fim de queimar os *terriers*, documentos onde se achavam registradas as dívidas a pagar aos senhores. Esse levante era o desfecho de meio século de motins, desde que a abolição dos direitos feudais pareceu ameaçada.

A coincidência das datas mostra nitidamente que o impulso generoso e a clarividência dos nobres liberais foi o resultado deste "Grande medo", provocando a "noite de 4 de agosto", quando um grande número de privilégios foi abolido. É "um acontecimento sem equivalente na História, pois essa decisão de romper o laço entre propriedade feudal e propriedade *tout court* foi irreversível".[4]

Ora, a recusa de pagar não representava senão um aspecto do ressentimento do campesinato. Era aos atentados à dignidade que ele tencionava dar um basta.

Desde já pretendia destruir todos os símbolos da superioridade nobiliárquica, atacando igualmente os burgueses que adotavam o estilo de viver da nobreza. Por exemplo, na região de Bray muitos

[4] François Furet.

nobres foram perseguidos porque queriam conservar seus bancos reservados na igreja. Os incêndios de bancos espalharam-se, e dos cataventos dos castelos destruídos, entre outros símbolos. Após a noite de 4 de agosto, o velho mito do mundo revirado suscitara uma esperança louca, por assim dizer mágica: "Madame", escreve o tutor da duquesa de Brancas, "o povo é soberano e mui esclarecido. Sabe que é o mais forte".[5]

Além disso, às recriminações do campesinato contra a aristocracia, somavam-se às dos burgueses que viviam à maneira da nobreza.

"A incrível explosão de ressentimento contra a nobreza e seu modo de vida, no momento da Revolução Francesa", escreve Max Scheler, "seria absolutamente inexplicável se essa nobreza não houvesse sido invadida pelo plebeísmo burguês, que, ao adquirir terras dos nobres, atribuía a si seus títulos... Esse sentimento novo de igualdade, do arrivista em relação à classe dominante, explica a violência desse ressentimento."

Tanto nos Estados Gerais como na Assembleia Constituinte, essa fronteira entre nobres e burgueses transgredia a divisão por ordens, uma vez que 58 delegados do Terceiro Estado pertenciam à nobreza hereditária (Chambord, Mirabeau etc.). Outros haviam sido recentemente nobilitados ou eram ligados a famílias nobres ou da primeira ordem — o clero — e não se sentiam menos vítimas de discriminações.

O interesse do ponto de vista de Max Scheler está em enfatizar a distância, pequena segundo essa abordagem, entre a nobreza hereditária, os nobilitados e outros burgueses que viviam nobremente —

[5] Ibid., p.218.

o que gerou nestes últimos um ressentimento à altura das humilhações que sofreram. Madame Roland queixou-se de que, retida com a mãe num jantar no castelo de Fontenay, as duas foram servidas na copa. Barnave admitiu que se tornou revolucionário no dia em que um nobre expulsou sua mãe do camarote no teatro de Grenoble. Bergasse não pôde ser apresentado ao rei sem produzir uma ascendência nobre remontando ao século XIV. O advogado Mounier falou de exclusões humilhantes, então acrescidas da reação da nobreza dos anos 1780: "todas as portas da honra estando fechadas para o Terceiro Estado". Dubois-Crancé, cujo pai fora nobilitado, não perdoou o desprezo dos cortesãos de Versalhes a seu respeito quando era mosqueteiro. Pierre-Louis Roederer não pôde comprar um cargo de ouvidor-geral porque "não possuía suficiente sangue nobre"... "Calar a boca da nobreza, que pena não ter testemunhado isso", anotou Campmas no fim do verão de 1789. "Essa canalha dos brasões deveria ser humilhada", escreveu Gallot à mulher.

Contudo a expressão desses sentimentos não surgiu de uma hora para outra. A grande burguesia não se sentia unida à nobreza no seio de uma mesma elite, a despeito das fortunas, que podiam ser significativas ainda que incomparáveis às dos nobres. Mas esta não era a origem do rancor contra a nobreza hereditária. Essas raízes eram antigas. Gaultier de Biauzat disse claramente: sempre se sentiu indignado pelas "iniquidades e outros comportamentos vexatórios". Se nunca os denunciou, foi por "medo dos golpes temidos sob o antigo império dos abusos". Tinha uma família a proteger e não podia desafiar "esses ricos egoístas". Foi apenas quando o rei pediu aos franceses que exprimissem seus sentimentos que ele pôde comunicar os "seus próprios".

A fúria camponesa contra a ordem aristocrática, os excessos do poder monárquico e o rancor da nobreza diante da ingratidão do monarca, revelado cento e cinquenta anos depois da Fronda — eis os fenômenos que se enraizaram num passado remoto. O termo "ressentimento" apareceu em 1593 no *Diálogo do francês e do saboiardo*, associado ao descontentamento da nobreza hereditária por ver burgueses integrarem sua ordem: "Ressentimento da dor que eles [os príncipes] sentiam ao se verem assim desprezados [pelo rei] para dar brilho à promoção desses recém-chegados".[6]

Ver "poluída" a identidade do grupo gerou ressentimento, dessa vez na nobreza, contra os arrivistas e os responsáveis por esse enxerto. Voltaremos a esse fenômeno.

Porém, uma ferida de natureza nova se abriu no próprio seio dos que lideravam o movimento da Revolução. Despertou outras também, o que não deixou de ter consequências no desenrolar dos fatos.

Anteriormente, num trabalho sobre a Revolução de 1917, havíamos apontado o papel específico dos advogados e juristas subjacente à queda do czarismo — Kerenski, Nabokov, Godnev, Lênin — comparável ao dos primeiros revolucionários em 1789 — Desmoulins, Le Chapelier, Danton, Robespierre etc. Mostramos que sua profissão os predispunha a conhecer melhor os problemas da vida cotidiana das pessoas, a estarem assim mais sintonizados com eles que os homens de letras ou os "*philosophes*". Estavam até mais bem situados para imprimir ao movimento da Revolução o sentido que ela teve em seus primórdios: pôr fim às injustiças, aos abusos e aos privilégios, aos atentados à dignidade.

[6] R. de Sulinge, citado in Veken, p.145.

O trabalho de Timothy Tackett permite investigar melhor essa hipótese. Em primeiro lugar, ele mostrou que em 1789 os escritores ou filósofos eram pouco numerosos. Derrotado em Paris, Condorcet teve de tentar eleger-se em outro lugar, como Marmontel e outros. Bailly fala do "descrédito de que desfrutam na Assembleia os homens de letras e acadêmicos". Porém, mais que isso, o levantamento de Tackett constata a supremacia dos homens da lei, isto é, 218 magistrados e outros advogados, o que revela como o ponto de vista jurídico prevalecia nos debates da Assembleia Constituinte. Isso resultou também na instauração de uma espécie de fronteira social entre eles e os burgueses dos negócios ou outros nobilitados evocados acima. Aliás, o exame do dote de casamento deles atesta que, em cinquenta dossiês do Terceiro Estado, apenas dois (Armand-Gaston Camus, um dos primeiros presidentes da Assembleia Nacional Constituinte, criador dos Arquivos Nacionais, e Mougins de Roquefort) beneficiavam-se de um belo dote de 40 mil libras, o da maioria dos advogados e juristas sendo quatro a cinco vezes menor. Figurando entre os eleitos mais modestos — ao lado dos do baixo clero, ainda mais desfavorecidos —, esses advogados e juristas eram disparados os oradores mais atuantes. Entre eles estariam em breve os mais vingativos. É sobretudo significativo que, depois de ter atacado a "aristocracia dos privilégios", eles dirigissem sua vingança, como Robespierre e Marat, contra "a aristocracia do dinheiro". "Qual será vossa Constituição?", interrogou Robespierre no Clube dos Jacobinos. "Uma verdadeira aristocracia, pois a aristocracia é o Estado no qual uma fração dos cidadãos é soberana e o restante súdita. E que aristocracia? Será para recair sob o jugo da aristocracia dos ricos que suprimimos o jugo da aristocracia feudal?"

Na verdade, a maioria dos deputados do Terceiro Estado, à exceção desses burocratas, advogados etc., era composta de personalidades abastadas que, nos Estados Gerais, já haviam sido humilhadas ao serem obrigadas a se vestir de preto, contrastando com os trajes vistosos dos membros das duas outras ordens. Por sua vez, não tinham vínculos diretos com as classes populares.

Além disso, tanto nos Estados Gerais como nas assembleias que deles emanaram, não havia artesãos, nem pequenos comerciantes, nem camponeses.

Era essa Paris popular e laboriosa que havia tomado a Bastilha, trazido o rei de Versalhes em 5 e 6 de outubro e condenado sua fuga para Varennes, sinal de sua duplicidade. Não era traição aproximar-se desse modo dos inimigos declarados da Revolução? Quando a nação esteve em estado de guerra contra uma coalizão de vizinhos orquestrada pelo cunhado do rei, a conjuração apareceu claramente, ao passo que as tergiversações do soberano apontavam sua deslealdade: ele resistia às decisões da Assembleia, enquanto a pátria estava ameaçada. Logo, as ameaças de invasão levantaram o povo contra o monarca. Dessa forma, o levante popular de 10 de agosto de 1792 terminava o que Varennes iniciara.

Mas, além da queda da monarquia, o 10 de agosto marcou o surgimento de um poder popular novo, a Comuna de Paris, representação das autoridades municipais na qual os contestadores dos clubes prevaleceram sobre os eleitos originais. "Não se pode destruir a Comuna sem atingir o povo", dizia Tallien, seu secretário, em eco aos anátemas lançados contra o rei e a Assembleia Legislativa por Robespierre, Marat e Danton. Esse poder popular daí em diante encarnado por Danton desafiava — o que era novo — a Assembleia

Legislativa, eleita pela nação, mas eleita censitariamente, é verdade, isto é, pelos ricos...

Foi sob esse reinado que uma onda de terror criminosa invadiu a capital quando, impondo-se à Assembleia, o rei foi transferido do palácio das Tulherias para a prisão do Templo. Desaparecera o obstáculo simbólico representado pelo monarca. Nada mais refreava a parte de violência até então represada. Cólera e vingança miravam os aristocratas e, dessa vez, os padres refratários, que recusavam a constituição civil do clero. Decerto já houvera violência e crimes, sobretudo durante o "Grande medo", esse rumor de um complô aristocrático que resultou, em julho de 1789, em saques, motins, atentados, incêndios por toda parte no país. Mas estes foram espontâneos. Ao passo que, em setembro de 1792, os massacres apareciam coordenados por ativistas em geral oriundos de um comitê de vigilância da Comuna. Se esse comitê era fictício, seus ativistas eram verdadeiros matadores, oriundos da massa e da periferia. E os arautos jacobinos — que à sua maneira soaram o dobre e se tornaram, como Danton, a encarnação da Comuna — mantiveram os olhos semicerrados diante desses horrores.

Entretanto, a província espontaneamente precedeu as atrocidades parisienses. Dois padres foram linchados no Orne em 19 de agosto, outro em Aube, um meirinho em Lisieux. No departamento de Bouches-du-Rhône, a assembleia eleitoral aplaudiu efusivamente a notícia dos massacres de Paris. As casas pertencentes às ordens religiosas suprimidas foram evacuadas e postas à venda.

As cidades então conheceram um terror que não visava apenas as belas mansões e castelos, mas os ricos, como haviam desejado Marat e Robespierre, ou aqueles que diante da escassez de víveres poderiam vir a ser ricos, os agiotas. Não demorou muito para que comitês de vigilância e outros tribunais extraordinários apontassem, prendessem e condenassem suspeitos tanto em Paris como em outros lugares.

Também não demorou muito para a Convenção, eleita em setembro de 1792, incumbir-se de tomar em mãos esse controle da sociedade. De maneira que o terror foi monopolizado pelo alto escalão, com seu Comitê de Salvação Pública e seu Comitê de Segurança Geral absorvendo pouco a pouco as atribuições da Comuna.

A partir daí, alimentadas por toda uma cadeia de ressentimentos, imperaram denúncias e suspeições, com vinganças pessoais sendo dissimuladas por trás do Bem Público ou da Virtude. Camille Demouslins, executado como diversos outros deputados, descreveu essa atmosfera deletéria parafraseando Tácito:

> Um cidadão goza de popularidade? É um rival do Príncipe, que pode suscitar uma guerra civil — Suspeito.
> Você foge, ao contrário, da popularidade e prefere ficar ao pé da lareira? Essa vida retirada atrai a atenção para si, você passa a ser falado — Suspeito.
> Você é rico? Há um perigo iminente de que o povo seja corrompido por sua opulência — Suspeito.
> Você é pobre? Não é possível, é preciso vigiar esse homem de perto. Ninguém mais aventureiro do que aquele que não tem nada — Suspeito.

Assim, se alargava o campo de ação dos ressentimentos, das invejas, das vinganças. Cada um podia se tornar privilegiado aos olhos do vizinho.

Mas as formas assumidas pela violência, e aqueles que foram suas vítimas, obedeceram igualmente a outra motivação, que marca uma *mudança* no curso da Revolução. Detectamos seu surgimento na natureza do discurso pronunciado, durante o processo do rei, por um jovem advogado desconhecido e recém-saído da adolescência, Saint-Just. Suas declarações foram fulminantes.

Na véspera, um deputado declarara que, como não havia lei acerca do status da monarquia, o processo era impossível. Fauchet explicou que o suplício de Luís XVI provocaria uma reação de piedade. Rouzet lembrou que Luís XVI nomeara ministros filósofos, convocara os Estados Gerais, abolira o imposto das mãos-mortas (inalienabilidade de bens) em seus domínios. Saint-Just lhes respondeu:

> Decerto o rei pode ser julgado aos olhos da lei. Mas não se trata de processo a ser instaurado, mas de ato político. O rei não é réu, mas inimigo. É culpado somente pelo fato de reinar. Lutou contra o povo, foi vencido. É um estrangeiro prisioneiro de guerra. Os senhores viram seus pérfidos desígnios: ele é o assassino da Bastilha, do Campo de Marte, das Tulherias. Que inimigo, que estrangeiro lhes fez mais mal?

O interesse desse texto é sua novidade, pois ele se situa num terreno bem diferente daquele dos oradores de 1789. Não se trata mais de pôr fim à arbitrariedade, de consolar o povo infeliz, de apelar à equidade. Trata-se de um ato político que dará sentido à vitória e permitirá seguir adiante. Não se trata de ser equânime, trata-se de ser eficiente. De eliminar os obstáculos erguidos ao progresso da Revolução.

Para que a Revolução realizasse sua obra, isto é, contribuísse para a regeneração da sociedade, não lhe bastava suprimir os privilégios, objeto de todos os ressentimentos, ela tinha de eliminar todos os símbolos e sinais do antigo sistema feudal, principalmente os monumentos "erigidos ao preconceito e à tirania". Uma espécie de fúria devastadora, um vandalismo criticado pelo abade Grégoire, varreu o país, destruindo bustos sagrados e bibliotecas, e todos os outros emblemas do passado. Os claustros e outros locais de culto não foram poupados, sua destruição estando associada à descristianização. A violência chegou aos parques, cujos pés de laranja, fruta de luxo, eram derrubados, "pois os republicanos precisam de maçãs".

Mas esse passado e as desigualdades que se pretendia eliminar eram encarnadas também pelo saber dessas elites, contra a qual investia o ressentimento daqueles que nada sabiam. Os "homens de talento" foram suas vítimas: Lavoisier, uma das primeiras, depois Condorcet, que, perseguido como girondino, suicidou-se após ter escrito um hino à glória da Revolução, o *Esboço de um panorama do espírito humano*.

O vandalismo, portanto, foi identificado ao terror, mais ainda a Robespierre, que personificou assim "a barbárie, a ignorância". O que causava problema, pois dessa forma os bárbaros eram não mais o estrangeiro, o inimigo, o aristocrata, mas uma canalha intestina, aquela mesma que contribuíra para o sucesso da Revolução.

Ao ressentimento contra os privilégios sucedeu um furor vingativo contra tudo o que supostamente criava obstáculo a uma regeneração integral. O igualitarismo prevalecia sobre a aspiração à liberdade, à equidade. Os defensores da democracia questionavam qualquer traço de superioridade. O ressentimento contra as elites tornou-se assim o filho adulterino desses diferentes cruzamentos.

"As pessoas que sabem são todas canalhas", dizia por sua vez Máximo Gorki, na época da revolução russa.

Portanto, o corpo das elites mudou de pele. E, a partir desse momento, era em parte contra elas que se exprimia o ressentimento, seja qual fosse sua origem: nascimento, dinheiro, mérito ou competência.

Rússia, 1917: uma revolução integral

Em seu impulso, a revolução de fevereiro foi a mais radical de todos os tempos. Entretanto, a posteridade a consagrou como revolução de outubro porque durou. E também porque ela inscreveu na História o projeto socialista, isto é, uma transformação da sociedade sob os auspícios da Razão herdada do Iluminismo.

Entretanto, em sua espontaneidade, a revolução de fevereiro foi a resposta imediata a aspirações alimentadas pelas populações da Rússia.

Mas apenas da Rússia?

Vejamos.

Em Moscou, trabalhadores obrigaram os donos de fábricas a aprender os fundamentos de um futuro direito operário. Nos exércitos, os soldados convidavam o prelado a assistir suas reuniões a fim de que elas dessem um sentido à sua vida. Na província de Penza, os *mujiques* perguntavam a seu senhor quantos filhos ele tinha, para poderem dividir equanimemente a terra. Em Odessa, os estudantes da universidade ditavam ao professor de história o que devia ser o programa de suas aulas.

Até as crianças chegaram a reivindicar, "para os menores de 14 anos, o direito de aprender boxe a fim de serem ouvidos pelos grandes".

Era o mundo de ponta-cabeça.

Isso foi consequência de alguns acontecimentos memoráveis.

Depois da queda do czar Nicolau II, passados os cinco dias em que a capital se amotinara contra a autocracia, a escassez, as derrotas, quando os soldados desobedeceram a seus oficiais recusando-se a atirar sobre os manifestantes, o país inteiro foi agitado por uma efervescência frenética e entusiasta sem igual.

Em poucas semanas, a sociedade livrou-se de todos os seus dirigentes: o monarca e seus homens da lei, a polícia e os padres, os funcionários e os patrões... Todos os cidadãos sentiam-se livres, livres para decidir a cada instante sua atitude e seu futuro.

Como os arautos da revolução haviam anunciado, entrava-se numa nova era da história dos homens.

Um imenso grito de esperança irrompeu de todas as Rússias. Nós mesmos consultamos milhares de telegramas — nunca abertos — recebidos pelo governo provisório e o Soviete de Petrogrado durante as primeiras semanas dessa revolução. Neles misturavam-se as vozes de todos os desafortunados, de todos os humilhados. Eles revelavam seus sofrimentos, suas esperanças, seus sonhos. "Não, senhor Kerenski, não aguentamos mais..."

E, como num sonho, essa sociedade viveu então alguns instantes inesquecíveis.

Essa agitação fora precedida por um século e meio de revoltas camponesas, anunciadas pela insurreição de Pugatchev. Pequeno proprietário de terras, é ele quem se proclama czar contra Catarina II, organizando uma ampla insurreição de cossacos. Uma primeira meta fora atingida com meia centena de levantes em 1842. A despeito da libertação dos servos, em 1861, e das reformas agrárias que se seguiram — em especial as de Stolypin em 1906 —, o campesinato permaneceu insatisfeito uma vez que apenas uma minoria pôde adquirir terras, e ainda por cima ao preço de um pesado endividamento. Em 1917, ele não exprimia mais reivindicações, e sim exigências. Por exemplo,

> que se explique, imediatamente, por que os magnatas que têm milhares de *deciatins* de terras (um *deciatin* equivalia a um hectare) escapam ao serviço militar e não defendem a pátria, ao passo que nós, que não temos terras, somos obrigados a defendê-la prioritariamente com risco de nossas vidas.

Exigia igualmente o confisco das terras do Estado, incluindo as improdutivas dos grandes proprietários. "Quando queremos tomar essas terras, é anarquia. Quando tomam nossos filhos, é patriotismo."

Sua cólera e seu ressentimento se manifestaram sem rodeios.

Menos virulentos, os operários queixavam-se sobretudo das humilhações de que se sentiam vítimas. Não apenas um salário de miséria: os de Iekaterinodar, por exemplo, em geral recebiam apenas um rublo e vinte copeques por dia, ou seja, o valor de dois pães de quatro libras. O pior, diziam eles, é que não havia assistência médica na fábrica, não havia pias ou então estavam quebradas; não havia água fervendo, nem mesmo quente. "Por uma perda de visão dos dois olhos por acidente de trabalho, a indenização é cem rublos." As multas choviam sobre eles sem saberem o porquê. E eram submetidos a uma revista degradante.

"Tudo isso é desumano. Nós, russos, não somos tártaros."[7]

"Quando entrei numa fábrica pela primeira vez", declarou Alexandra Kollontai, "e vi esses infelizes, logo percebi que não poderia mais viver enquanto aquilo não mudasse." Essa ferida só cicatrizaria, disse ela — uma aristocrata que aderiu ao partido bolchevique e se tornou uma de suas dirigentes —, no dia em que oferecermos outra vida a esses infelizes.

O depoimento do príncipe Kropotkin desenhou outro percurso. Um misto de ressentimento pessoal e de uma consciência aguda dos infortúnios do povo fizeram dele um líder do anarquismo, o herdeiro de Mikhail Bakunin.

Ele mesmo contou sua história.

Bêbado, um dos cento e cinquenta serviçais de sua mansão quebrara algum prato. Seu pai o fez ser castigado com cem vergastadas. Toda a família e seus servidores estavam consternados com aquele drama. Piotr tinha então cerca de dez anos; estávamos em 1851.

> As lágrimas me faziam sufocar. Logo depois da refeição, corri para visitar Makar escondido em alguma galeria e quis beijá-lo pela manhã. Mas ele me afastou chorando, dizendo sem me repreender: "Deixe-me sozinho. O senhor também, quando crescer, não vai pensar igual?".

Esse primeiro trauma revelou a Kropotkin, criança, que ele se sentia mais próximo de seus criados do que de seu pai, militar e príncipe,

[7] Petição anônima de operários dirigida a Kerenski.

mas a quem já desprezava, quando não odiava. Depois da morte da mãe, o pai permitiu que sua segunda esposa apagasse a lembrança da primeira retirando da casa os móveis e quadros que esta apreciava. E havia sido sua mãe a salvar seu pai de uma desonra quando acusado de malversação. Numa atitude humilhante, ele tentara convencer um funcionário encarregado do dossiê que por acaso fora um de seus antigos servos. Graças a isso, pôde "voltar a vestir calças vermelhas e outros supérfluos". Esse pai passara apenas uma noite num acampamento ou tomado parte numa única batalha? Todo fardado, impunha terror e disciplina militar em seu domínio. E Piotr, como seu irmão mais velho, tinha tanto medo dele quanto os servos do domínio. "O verdadeiro amor que conheci veio deles", conta Kropotkin em suas Notas. Nelas vemos crescer o ressentimento (a palavra figura no texto) contra o pai, contra a família, contra o Exército.

Na Sibéria, onde, adolescente, prestou uma espécie de serviço civil, observa que a sorte dos trabalhadores ali era pior que a dos servos.

"Perdi a fé no Estado e, sem me inspirar em absoluto nas lutas políticas, tornei-me dessa forma anarquista, contestando o Estado, o capitalismo, a família e o exército."

E a ordem estabelecida.

Tendo lido Marx e os outros socialistas, em especial Saint-Simon e Proudhon, ele pensou: "Seguirei outro caminho". Entretanto, depois dessas mágoas de infância e adolescência, quantas prisões e exílios ainda seriam necessários para colocá-lo no caminho do anarquismo!

Trinta anos mais tarde, ou perto disso, em 1887, outro rapazola, Vladimir Ilich Ulianov, declarou igualmente: "Agirei de outra forma". Ele também mudara de caráter em consequência de um trauma: a execução de seu ídolo, o irmão mais velho, enforcado por atividades terroristas.

Soubera de sua prisão ao sair da escola e correra para contar o drama à sua mãe, viúva recente, que partiu para Petersburgo a fim de implorar perdão para o detento. Em vão. Quando, em Sibirsk, os jornais de Petersburgo trouxeram a notícia da execução, Vladimir, aos 17 anos, atirou-os ao chão e os pisoteou, exclamando: "Eles vão me pagar!".

"Quem são 'eles'?", perguntou uma vizinha.

"Eu sei, isso basta", respondeu Vladimir.

Deu uma mostra do que queria dizer. Durante a fome de 1892, cinco anos mais tarde, estudante membro de um grupo marxista de Samara, explicou:

> As fomes são consequência de uma certa ordem social e apenas a abolição dessa ordem poderá impedir seu retorno. A fome atual, inaceitável, contribui para o progresso futuro empurrando os camponeses para as cidades. Assim, forma-se um proletariado que perderá sua fé no czar e precipitará a vitória da revolução. O desejo da pretensa sociedade de socorrer famintos explica-se facilmente, uma vez que essa sociedade fazia parte de uma ordem enérgica que se sente ameaçada por distúrbios e até mesmo pela destruição total. Na realidade, todas essas reuniões a respeito dos famintos não passam de uma manifestação da sentimentalidade açucarada que caracteriza nossas sociedades dirigentes.

Na época, Lênin, como marxista e à diferença de seu irmão, rejeitava os atentados terroristas: abordava os problemas políticos "de outra forma".

Até então ele era um revolucionário que pensava que para mudar a ordem social bastaria suprimir a família imperial — "cabe ao machado esmagar os imperialistas com a mesma ferocidade usada contra nós". O grito de adesão era:

> Matem-nos todos, nas cidades, nas aldeias, nas vilas. O partido revolucionário que tomará o poder deverá instaurar a ditadura por todos os meios... É preciso expurgar da assembleia todos os elementos reacionários — supondo que ainda reste algum vivo.[8]

Na realidade, essa irritação e esse extremismo exprimiam certa impotência.

Em sua história da Rússia, Kluchevski — uma espécie de Michelet ou de Lavisse desse país — escrevia que depois da morte de Pedro, o Grande, em 1725, o que caracterizava a sociedade russa, dos camponeses aos notáveis, era o caráter "impensável de que alguma mudança alterasse as tradições desse país".[9]

Isso significava que, mesmo poderosamente defendida, a ideia de reforma era algo incongruente. Afora o endurecimento ou atenuação da servidão, qualquer ideia de mudança parecia inconcebível.

Um sinal dessa crença, apontado por Alain Besançon, é de fato a frequência dos sonhos no romance russo, revelador da sociedade e de seus desejos. Desejos encobertos, que esses sonhos

[8] Palavra de ordem usual entre os "terroristas" antes do triunfo do marxismo.
[9] Tomo V, p.231.

exprimem tanto em Púchkin quanto em Dostoiévski, Oblomov ou Tchernychevski, para quem a revolução virá realizar o sonho. A menos que se transforme em pesadelo.

Mas o ponto importante é que o sentimento de impotência aparece sob todas as suas formas durante esse século. "O senhor será igual a seu pai", disse a Kropotkin o *mujique* que não acreditava na melhora de sua sorte. "Temos de agir de outra forma", diziam uns e outros diante da ineficiência da mudança necessária desejada pelos reformadores ou os revolucionários. Essa mudança só podia ser sonhada.

Ora, tudo anunciava que o trauma das vítimas dos antigos servos explodiria um dia como explodiu a revolta dos escravos em Roma.

Após a supressão da servidão e na medida em que a escassez se disseminava, os marxistas, entre os quais Lênin, pregavam a aceleração da passagem à era industrial. Surgiria assim uma poderosa classe operária, que consumaria a revolução.

Essa passagem se deu lentamente, mas efetivou-se.

O que Lênin escreveu sobre a fome era revelador da maneira como tocava nos problemas: havia ali, em miniatura, a abordagem de um doutrinário, marxista no caso. Ele via em primeiro lugar o interesse que representava essa fome para o andamento do projeto revolucionário, procedia à análise de suas causas, sociologicamente explicitadas. Encontramos ali também a negação de qualquer piedade ou generosidade no inimigo de classe, e a indiferença absoluta diante do sofrimento dos infelizes.

Havia assim, em Lênin, a mescla de um raciocínio marxista sobre o fracasso das experiências passadas e um ressentimento particular.

Ao trauma pessoal sentido por um certo número de revolucionários — como Kropotkin, Lênin ou Kollontai — poderia ser acrescentado o de muitos outros, magoados também, humilhados por terem sido expulsos do colégio ou da universidade por motivos ideológicos ou religiosos, em particular os judeus.

É possível observar neles o mesmo tipo de cruzamento entre o ressentimento pessoal e o raciocínio doutrinário: Leonid Martov, por exemplo, social-democrata judeu, julgava que os *progroms* tinham alguma coisa de positivo, como primeiro sinal da participação dos camponeses em ação política, ainda que fosse contra os judeus!

Ao descontentamento dos operários, dos camponeses, das minorias, à impaciência dos revolucionários, acrescentava-se a irritação unânime dos membros da *intelligentsia,* por se sentirem afastados da administração do país.

Durante as jornadas de fevereiro, o grão-duque Cirilo deu o exemplo e se juntou ao Soviete de Petrogrado, imitado pelos cossacos da Guarda do Regimento de Sua Majestade. Raros foram aqueles que permaneceram fiéis a Nicolau II: o conde Keller, o conde Zamoiski, o ex-ministro Bark, a quem foi oferecido um ministério mas que recusou, "questão de princípio". Ninguém procurou salvar o czarismo. Quando os "missionários da revolução", Guckov e Sholguin, declararam na estação de Petrogrado que Nicolau II, que abdicara, seria sucedido por Miguel II, quase foram linchados. "Abaixo os Romanov, Nicolau, Miguel, é tudo igual: o rabanete branco é igual ao rabanete preto, abaixo a autocracia." Protegidos pelos agentes do governo provisório, os missionários conseguiram se evaporar.

Mas não houve ressentimento contra a pessoa do czar. Nada parecido com o que passou Luís XVI após a fuga de Varennes. Poucas exigências lhe foram feitas. Em cem moções de operários dirigidas a Kerenski e ao governo provisório, em meio a todo tipo de reivindicações, apenas duas reivindicavam medidas contra o czar; três outras, por sua vez, emanaram dos camponeses e quatro dos soldados, ou seja, nove no total em mais de 3 mil telegramas e moções enviados de toda a Rússia.

Entretanto, no dia seguinte às jornadas de julho, houve ameaças. Temendo um ato de violência — ou que monarquistas tentassem sequestrá-lo —, Kerenski transferiu o czar e sua família para Tobolsk, sob forte esquema de segurança. Em seguida, depois de outubro, foram para Iekaterinburg por ordens de Sverdlov, que, com Lênin e Trotski, havia sido um dos organizadores da insurreição de outubro. Mas, já durante a guerra civil, multiplicavam-se as vozes exigindo a morte do ex-czar ou pelo menos um processo, e Trotski foi encarregado disso.

Porém, diante do avanço das tropas "brancas", com medo que elas libertassem Nicolau, os bolcheviques de Iekaterinburg assumiram a responsabilidade de executá-lo. A Rússia foi informada disso por um simples comunicado de imprensa, e permaneceu totalmente indiferente. Nessa data, embora as classes populares fossem frequentemente mais radicais que os bolcheviques, estes ainda não controlavam efetivamente a imprensa. Ora, nem os Vermelhos nem os Brancos exultaram, protestaram ou reagiram.

Nem compaixão, nem ressentimento.

Reviravolta invisível, a passagem de uma revolução que, em nome da equidade, pretendia pôr um fim à arbitrariedade para uma revolução que, para sobreviver, vingava-se dos ultrajes passados. Eis um fenômeno observado na França em 1792 e que reencontramos na Rússia de 1917.

Durante os primeiros meses da revolução de 1917, o ressentimento das classes populares fora contido e não se manifestara senão de maneira incipiente por algumas agitações violentas, sobretudo nos exércitos e nos campos, onde muitas casas de proprietários foram incendiadas. Mas a participação na ação revolucionária de certa forma o havia neutralizado, convertido, canalizado.

Em março de 1917, quando foi anunciada a abdicação de Nicolau II, a população do país exultou de alegria.

"Terminou, agora terminou...", exclamou nessa multidão um militante chorando de felicidade.

Então, uma mão bateu em seu ombro, a de uma velha que lhe disse: "Está enganado, paizinho. Não terminou, ainda não correu sangue suficiente...".

A revolução ia mudar de direção.

Em junho de 1917, quando se reuniu o I Congresso dos Sovietes, ainda subsistia boa parte das esperanças de fevereiro. Violências decerto haviam sido cometidas nos campos e exércitos, mas nada grave, de tal forma era real a sensação de uma vitória da equidade e da fraternidade. Uma alegria que lembrava a de fevereiro de 1848 na França.

Kerenski e alguns membros do governo provisório contribuíram bastante para isso: como ministro da Justiça, facilitara a fuga das vítimas denunciadas pelo ressentimento popular: policiais, ex-ministros etc. Sugerira aos ricos que doassem suas joias para atenuar os sofrimentos dos mais desafortunados. Esses gestos angariaram-lhe popularidade, ainda que muitos militantes julgassem ridículo tal comportamento.

Em junho, o descontentamento começava a se manifestar à medida que o governo de coalizão "burguês-socialista" se pretendia "conciliador", esperando que uma assembleia constituinte decidisse o futuro da sociedade. Reuni-la enquanto a guerra não terminasse e com os soldados sem poder participar do escrutínio era julgado antidemocrático pela maioria dos eleitos dos sovietes. Os bolcheviques julgavam por sua vez, com Bukharin, que se a revolução não pusesse fim à guerra a guerra terminaria por sufocar a revolução. E, na realidade, era de fato o que acontecia: em nome das exigências da defesa nacional, e em vista da recusa dos aliados de considerar uma paz sem anexações nem reparações, proposta pelo Soviete de Petrogrado, o que subsistia da ordem antiga se empenhava em retomar a dianteira. Nos exércitos, preparando uma ofensiva, o alto comando exigia o retorno à disciplina; nas fábricas de armamentos, a jornada de oito horas continuava em suspenso.

Foi então que nesse congresso dos sovietes Lênin anunciou que seu partido, que tinha apenas 105 eleitos em cerca de 1.200, estava preparado para assumir o poder. Isso desencadeou uma grande gargalhada, sinal de que a maioria dos deputados se pretendia democrata.

Kerenski lembrou então a Lênin o destino dos extremistas da França em 1792 e, bem mais tarde, da Rússia em 1905.

Lênin respondeu que, no poder, estava disposto a "prender cem capitalistas", o que provocou uma segunda gargalhada: então o marxismo era aquilo?

Mas o aspecto importante não é esse.

Diante da impotência da revolução de se consumar a curto prazo, Lênin recorria a medidas radicais, cirúrgicas. Elas se pretendiam filhas da necessidade. Não havia nisso nenhum ressentimento: Lênin não queria prender capitalistas porque tinham se comportado de forma desumana, o que teria se inserido na lógica da revolução contra a injustiça e a desumanidade dos senhores de outrora; para ele essa medida não tinha raízes nos princípios da moral do respeito à dignidade humana.

Não!

Como Saint-Just, Lênin se colocava do ponto de vista da guerra travada com seus inimigos, da guerra de classe, no caso. Queria que a mecânica da revolução, sua marcha para frente, não fosse desviada, esse imperativo prevalecendo sobre qualquer outra consideração.

Assim como a natureza dessa mudança passara desapercebida em 1793, a que Lênin esboçava tampouco foi apreciada em seu alcance. Mas para quem se lembrava da lição que tirara da ajuda às vítimas da fome, havia nela uma continuidade em sua maneira de abordar os problemas que, nessas duas circunstâncias, nada tinha a ver com seu ressentimento pessoal.

Ele raciocinava como doutrinário e estrategista.

Por exemplo, em outubro avaliou corretamente a relação de forças que mudara entre um governo sem mais poderes, visto a multiplicidade dos comitês e sovietes que o exerciam na base, e o Estado sem cabeça que constituía o conjunto desses sovietes. Como sua bolchevização era resultado da derrocada do governo provisório — a ofensiva fracassara e a desordem reinava —, Lênin julgava que podia deflagrar uma insurreição, agora que havia fracassado a tentativa de *putsch* do general Kornilov no sentido de restabelecer a ordem.

Assim como na França em 1792 e na primavera de 1794, foi a resistência aos vencedores de outubro que liberou a energia recalcada daqueles que esperavam vingança ou regeneração por parte da revolução. Essa resistência podia ser assumida pelos rivais políticos do novo poder — isto é, os revolucionários não bolcheviques excluídos da direção dos acontecimentos — ou ainda, explícita e claramente, pelas organizações burguesas ou os arautos da contrarrevolução.

Mas os *mujiques* ou os comerciantes que estocavam parte de seus produtos para escapar aos confiscos, como seus predecessores de 1794, não se viam como inimigos do poder. Ora, paralelamente aos efeitos da guerra civil com os Brancos que começava, a resistência ao poder dos sovietes desencadeou o pior dos terrores, com seu cortejo de horrores.

"Precisamos de um Fouquier-Tinville", disse Lênin a Bonch-Bruyevitch, um dos idealizadores da Guarda Vermelha, em dezembro de 1917. "Para arrasar toda essa ralé contrarrevolucionária... um sólido jacobino proletário. Será Felix Djerjinski, pois ele passou mais tempo nas jaulas czaristas e conhece seu ofício." "O terror vai assumir formas muito violentas, a exemplo da Revolução Francesa", acrescentou Trotski. "Uma bala na cabeça, eis o que merecem os especuladores!", completou Lênin.

"Para que um comissariado na Justiça?", perguntou-lhe Steinberg, um socialista-revolucionário de esquerda, cooptado. "Melhor chamá-lo 'comissariado do povo para extermínio social'!" "Excelente ideia", respondeu Lênin, "infelizmente não podemos chamá-lo assim." "Fuzilem, deportem os socialistas contrarrevolucionários!", disse ele aos comunistas de Elets. "Infelizmente não posso lhes dar autorização escrita para fazer isso."

"É a vida que dita o caminho para a Tcheka", explicou Djerjinski numa época em que essa loucura furiosa reinava apenas em poucas cidades. Suas declarações, entretanto, estavam em plena contradição com o dogma dos marxistas, em especial os bolcheviques, que condenavam a espontaneidade das massas. A partir daí era o contrário, com Lênin criticando Zinoviev, que se preocupava com essas violências não controladas e que a Tcheka queria conter — sim, a Tcheka. Lênin escreve a Zinoviev:

> Protesto firmemente. Nós nos comprometemos: se por um lado não hesitamos com nossas revoluções em ameaçar com o terror em massa os deputados dos sovietes, quando se trata de passar aos atos, refreamos a iniciativa das massas inteiramente fundamentada. Isso não é pos-sí-vel. Os terroristas vão nos considerar frouxos. É preciso estimular a energia e a natureza de massa do terror.[10]

Assim, imaginar que as violências do fim de 1917 e 1918 emanassem exclusivamente dos bolcheviques, ou do estímulo que deram a "esse caminho que dita seu caminho", seria bolchevizar a História. Mas na medida em que, depois da vitória de outubro, encarnavam uma maioria revolucionária, eles não poderiam deslegitimar-se admitindo que o ressentimento e a cólera popular fugiam ao seu controle.

Mais tarde, tendo engrossado suas fileiras com todos os pequenos *apparatchiks* oriundos dos comitês do poder popular, eles foram efetivamente os agentes, os únicos agentes do Terror Vermelho.

Na realidade, as similitudes entre o processo na França, durante os acontecimentos de 1792-1793, e o que se passava na Rússia iam ainda mais longe. Uma delas era o uso dos mesmos termos: inimigo

[10] 26 de junho de 1918.

do povo, sabotagem, agiota, expurgar a sociedade. As atrocidades cometidas em 1917-1918 — assim como a violência contra os oficiais de julho a outubro de 1917 — deviam mais à propaganda dos bolcheviques do que à sua própria ação, da mesma forma que os massacres de setembro de 1792 deviam mais aos discursos da Comuna do que à sua própria ação. A Convenção tomou as rédeas desse terror, assim como o partido bolchevique viria a fazê-lo. Ambos corriam o risco de que essa violência fosse politizada. Nos dois casos, houve instrumentalização do ressentimento.

Na Rússia, essa violência, vinda de baixo, visava tudo que representava ou encarnara a ordem antiga: oficiais, funcionários, notáveis de todo tipo, homens e mulheres "de mãos brancas", na Ucrânia como em toda parte.

Foi assim que nos comitês e em outros sovietes os antigos quadros da sociedade, expulsos ou liquidados, foram pouco a pouco substituídos por elementos oriundos dos meios populares, logo apelidados de *apparatchiks* — fenômeno chamado de "plebeização do aparelho de Estado". O poder bolchevique tanto se apoiou nele quanto o assimilou.

"Antes vocês eram *barines* (senhores), agora é a nossa vez", dizia um soldado a seu capitão. Tinha a impressão de tirar sua revanche após séculos de opressão e servidão.

O ressentimento contra as elites

Na França, durante a Revolução, o ressentimento contra os privilegiados deu lugar a um furor igualitarista. Todo indício de superioridade, ainda que simbólica, era suspeito e questionado. É verdade que o menosprezo pelas elites, independentemente de sua natureza, precedera a Revolução: era preciso mostrar que aquela elite era imoral. Como Maria Antonieta, pretensamente cercada por libertinos, acusada de todo tipo de torpezas. Ou como o monarca e seus aristocratas, cuja impotência era ridicularizada pelas caricaturas. Mais tarde, antes mesmo do Terror, quando a escassez começava a ameaçar, Marat denunciava "as ceiazinhas licenciosas de Danton", enquanto proliferava uma crônica do escândalo cujo centro eram os mais ricos. Mais que isso: também eram executados cientistas — Lavoisier, Condorcet — cujos conhecimentos, inacessíveis, perpetuavam o passado.

A Rússia imperial também teve sua crônica. Tivemos nas mãos a caderneta onde eram registradas as performances de Rasputin junto a essas damas da corte, cujos esposos recebiam belas promoções em seguida. E a informação circulava.

Mas a ânsia de pureza encarnada pela revolução russa em seus primórdios rompeu com essas formas de degradação. A propósito, os militantes revolucionários repetiam incessantemente que as iniquidades do passado não se deviam à ação dos indivíduos, mas às instituições — que eles iam mudar. Para prevenir-se contra a explosão dos ressentimentos, a partir do mês de março a abolição da pena de morte figurava no programa de Kerenski, ministro da Justiça do primeiro governo revolucionário.

A violência dos ressentimentos nem por isso deixou de constar dos discursos mais generosos ou mais radicais.

E as elites — as do mundo da cultura também, qualquer que tivesse sido o seu apoio ao destino dos infelizes — foram as vítimas.

Rússia: do pressentimento ao ressentimento

Embora a maioria dos membros da *intelligentsia* e dos artistas — à exceção de Gorki e Lunacarski, futuro comissário do povo para assuntos da educação — não tenha participado dos acontecimentos revolucionários por julgar que não lhes concerniam pessoalmente, toda uma "civilização literária" engajou-se na luta política contra a autocracia. Com Tolstói, ela fora de encontro aos anseios dos operários e infelizes *mujiques*, cuja sorte não melhorava em nada apesar das reformas de Alexandre II, depois de Stolypin. Acima de tudo, essa sociedade culta, bem descrita por Tchekov, havia perdido a fé em seu futuro — como Macha, a namorada desiludida de *A gaivota*, sempre trajando preto porque está de luto pela própria existência. Tristes, desesperados, os russos estavam assim de luto por sua história.

Nada mudava realmente no país, a não ser o mundo dos negócios. Isso se devia ao Estado, que erigia o imobilismo como princípio. Em 1894, Nicolau II chamara de "sonho insano" a ideia daqueles que acreditavam que os russos pudessem participar, graças a uma constituição qualquer, do governo de seu próprio país.

Essa *intelligentsia*, observou Bulgakov, futuro autor de *O mestre e Margarida*, questionava tudo: a ordem política, a religião, o casamento. Com os populistas e marxistas, ela preconizava o socialismo; com Bonch-Bruyevitch, justificava o ateísmo; com Alexandra Kollontai, legitimava a união livre. Um profundo fosso a separava do czar, de seu cerimonial e de seus popes. Nicolau II chegara a perguntar se não podiam retirar a palavra *intelligentsia* do dicionário.

"Bem-sucedida ou não, a revolução será tão absoluta quanto

a autocracia", anunciava Merejkovski, discípulo de Dostoiévski. E Konstantin Balmont, o poeta, acrescentava:

> Nobre czar, débil e cego,
> Prisão e *knut*, que fuzila e enforca
> A hora do castigo te espera...

"Que a tempestade se desencadeie", pedira Gorki, porta-voz dos indigentes.

Quando ela se desencadeou, a primeira vez em 1905, Rozanov-Varvarin escreveu em *Russkoie Slovo*:

> Depois de assistirem ao admirável espetáculo da revolução, as pessoas cultas quiseram pegar no vestiário os belos sobretudos de pele e voltar às suas confortáveis residências. Mas as peliças desapareceram e as casas estavam em chamas.

Depois da guerra — que estourou em 1914 —, dos massacres inúteis, da escassez e da ira que avançavam, a *intelligentsia* e os eleitos da Duma, a assembleia russa, que lhe eram próximos, se mostraram incapazes de canalizar e represar o fluxo de uma nova revolução — que nascia espontaneamente mas cujo hino ela reconhecia, uma vez que escreveu sua letra.

À frustração que a *intelligentsia* alimentava sucedeu um pressentimento, o da catástrofe: "O período do humanismo terminou", escrevia Biely, esse poeta do real, "é hora da santa barbárie... Vamos dar um salto por cima da História". A revolução não nasceu da revolta contra um outro, com os operários investindo contra os industriais ou os camponeses contra os proprietários, mas em virtude de o velho poder não ter conseguido defender a Rússia.

Pura verdade!

Segundo Biely, agora era "o indivíduo revolucionário que circulava... a massa tornando-se o aparelho executivo desses *sportsmen* da revolução". Ele percebeu que a fase em que as organizações bem estruturadas dirigiam o movimento revolucionário havia passado. Agora viria o reinado dos indivíduos incontroláveis instrumentalizando as massas.

"A cultura é uma cabeça esburacada de onde tudo escapa." É esta a sensação amplamente partilhada, inclusive pelo próprio Gorki. Levado ao Soviete de Petrogrado em 1º de março — por Sukhanov que foi um de seus fundadores — para que fosse aclamado, ele declarou, acrimonioso, que antes de tudo convinha criar uma comissão para a salvaguarda dos monumentos históricos.

Com a queda do czar, um imenso grito de alegria percorreu a capital. O regime desmoronara de tanto ser golpeado. E os que mais se haviam beneficiado das graças do czar, dos grão-duques ou dos generais, mais rapidamente aliavam-se ao novo regime.

Os poetas não foram os últimos a se aliar à revolução: Blok, Maiakóvski, Essenin, Korolenko. Eles proclamaram: "Agora tudo é possível..."

Foi tudo possível? Sem dúvida. Por exemplo, que os astros do teatro e da ópera, até então aclamados, fossem incontinente repelidos, apupados e até mesmo obrigados a emigrar, quando se julgavam populares pela eternidade, uma vez que haviam defendido a boa causa.

Podemos imaginar seu ressentimento.

Foi o caso de Chaliapin, que em 1905 assinara com Rachmaninov e Rimski-Korsakov uma petição contra a arbitrariedade e a ausência de liberdade reinantes no país. Em particular no teatro, onde a estreia de uma peça de Gorki havia sido proibida. Enquanto Rimski-Korsakov era demitido do exercício de suas funções no Conservatório, manifestações eram realizadas nos teatros, particularmente nos do Estado, em que a censura era mais vigilante e constituíam um local privilegiado de manifestações políticas espontâneas. Ali se revelava o espírito do tempo, com plateia e camarotes recebendo a alta sociedade, com o poleiro ou os balcões acolhendo os estudantes menos ricos. Ora, no fim de um espetáculo em que ele havia sido freneticamente aclamado, da plateia pediram-lhe que cantasse *Dubinskaia*, o canto dos deportados. Ele o fez, uma afronta na presença da imperatriz.

Porém, em outra ocasião...

O coro da ópera do Bolshoi, em Moscou, planejou apresentar uma petição ao czar. Ficou decidido que, após uma primeira cena de *Boris Godunov*, o pano iria se abrir e se veria o coro inteiro voltado para o camarote do imperador, numa atitude de súplica, enquanto a petição era lida. Quando o pano se abriu, produzindo o efeito almejado, Chaliapin, que não estava a par do segredo e fazia o papel de Boris, ainda se encontrava em cena. Assim, Boris, o czar, estava ali diante dos peticionários, digno, uma colossal personificação da autoridade imperial em seus soberbos trajes de ouro, a coroa de Monômaco sobre a cabeça. Nesse instante patético, Boris achava-se perante Nicolau II... Então, instintivamente, Chaliapin dobrou um joelho e se juntou aos peticionários, para grande cólera de uma parte do público: afinal, deveria ter permanecido de pé, face a Nicolau II, como que num desafio.

Isso nunca lhe foi perdoado.

Outros artistas, que conservaram seu público, perceberam que em período de revolução ninguém tinha vontade de ir ao teatro, pois o espetáculo estava na rua — onde, nas marchas e passeatas, dava-se prova de grande criatividade.

Mas quem, ainda assim, quisesse ir ao teatro constataria que os coletivos haviam tomado conta das salas, quando não mudado o repertório ou substituído a companhia em cartaz. Isso significava que reinava no país imensa liberdade, para não dizer anarquia patente.

Entretanto, com os tormentos da guerra civil que começava, escritores e artistas descobriam, perplexos, que a vontade de controlar as atividades culturais começava a se manifestar. Por exemplo, tanto em Petrogrado como em Saratov ou em outras cidades surgiu o *Proletkult*, instituição da cultura proletária que se apresentava como o quarto poder do movimento operário, em coordenação com o partido, o sindicato e o movimento cooperativo. Em que consistia então essa instituição saída da terra?

Poucos escritores ou artistas, salvo aqueles que militaram nos meios revolucionários, conheciam o projeto cultural do movimento socialista. Ora, falar em nome da classe operária, afirmar que ela seria o agente da revolução social, eis o que colocava todo tipo de problema e que, depois da revolução de 1905, era objeto de inúmeros debates.

Ao analisar o comportamento dos revolucionários, Makhaiski, igualmente marxista, escreveu no dia seguinte à revolução de 1905:

> Esperar que os operários, condenados à ignorância por suas miseráveis condições de vida, tornem-se capazes de dirigir a produção e de organizar a vida social, isso significa garantir aos exploradores uma vida de parasita por toda a eternidade.

E acrescentou: "Esses revolucionários dizem ao operário: 'Você quer ser tão sabido e culto quanto eu, então instrua-se e estude em vez de se embebedar'". Atacando esses dirigentes, Makhaiski concluía: "Se quer ser rico, então trabalhe e poupe".

Ressaltemos que esse raciocínio pressupõe que só exista uma única cultura, um único saber, de resto identificado um ao outro, e que seria a cultura das elites. Naturalmente nessa época ninguém negava que pudessem existir diversas culturas, por exemplo o folclore ou a cultura dos estrangeiros. Que pudesse existir, igualmente, um movimento de vaivém e de transgressões entre diferentes heranças culturais e a cultura oficial, dita burguesa, que as recobre e suplanta — em suma, que exerce uma hegemonia: eis também uma observação feita, mas não central, pelo menos nos meios revolucionários. A ideia dominante girava antes em torno da unificação dos saberes e das culturas a partir de um novo polo, que poderia ser a "cultura socialista", cujos status e natureza ainda estavam por ser definidos.

Entretanto, o próprio princípio desse projeto vinha sendo questionado, e uma alternativa lhe era oposta. Abriam-se dois caminhos. Ou as classes populares aculturavam-se graças às conquistas sociais e econômicas, graças, essencialmente, à instrução — um projeto que começava a ser implantado pelas escolas socialistas destinadas à classe operária, com seus bons autores, de Zola a Gorki, instaurando e pouco a pouco as condições para uma verdadeira democratização da vida política.

Ou — segundo caminho — julgava-se que esse projeto era uma mistificação e que a única e verdadeira revolução seria expropriar os proprietários de bens materiais e os titulares de bens culturais, isto é, os intelectuais e outras pessoas instruídas que se arrogam, graças a essa riqueza, o direito de dirigir os outros, tornando-se militantes, quadros etc.

De certa forma, os socialistas, em particular os alemães, mas também russos e franceses, de Kautsky a Lênin, encarnavam a primeira corrente, que se perpetuou até a Segunda Guerra Mundial, e mesmo além. A vitória de outubro e a constituição dos partidos comunistas a reforçaram, depois se estenderam ao mundo inteiro.

A segunda corrente era representada no início do século por Bogdanov — posteriormente por Mao Tsé-tung, pelo menos em determinados momentos de seu percurso — e por certos utopistas de 1968. Seus arautos pretendem destituir os valores e saberes estabelecidos, substituindo-os pela cultura que as classes populares, emancipando-se, reconstituirão a partir de heranças que foram obrigadas a recalcar. Essa corrente assumiu um tom contraconstitucional, muitas vezes antiacadêmico. Ela poria fim ao ressentimento dos meios populares, que nutriam um complexo de inferioridade com relação às pessoas instruídas, opondo a seu saber, definido como envelhecido e reacionário, uma nova cultura.

Essa corrente não define a cultura proletária "pelas artes e tradições populares, pelo folclore, embora tenha relações com elas; ela nada tem a ver com a alfabetização das massas, sem, com isso, rejeitá-la", explica Jutta Scherrer. A cultura proletária deve ser uma criação.

Do ponto de vista de seu ideal de revolução proletária, de seu projeto de uma sociedade "sem contradições", o *Proletkult* estima "que não há lugar para a diversidade". Por conseguinte, seu acesso é logo proibido aos intelectuais. Não se trata de negar sua herança, mas de organizar a cultura de outra forma. "Não lhes pedimos", explica *Zizn'Iskusstva* (*A vida da cultura*), dirigindo-se, entre outros, aos cineastas, "que façam filmes para serem compreendidos daqui a trinta anos, mas filmes que eduquem as massas de hoje".

São os vanguardistas, "os niilistas culturais" assim visados. "Não entendo nada do que eles fazem", dizia Lênin.

Provavelmente a vontade do *Proletkult* de fortalecer sua organização chocou-se com a vontade hegemônica do partido bolchevique. No Ministério da Cultura, Lunacarski devia decidir as operações culturais que o Estado subvencionaria ou não. E, em cada cidade, os diferentes coletivos — antigos teatros, o *Proletkult*, círculos literários etc. — participavam de licitações para obter subvenções, causando desespero em escritores e artistas. De maneira que, para a *intelligentsia*, não apenas a queda da autocracia não correspondia às suas expectativas, como alimentava seu ressentimento contra um poder que traía suas esperanças.

O objeto desse ressentimento não era a autocracia, o czar, mas Lênin, o bolchevismo. "A *intelligentsia* sente um ódio visceral por nós", escrevia Lunarcarski à sua mulher. "O boicote dos funcionários freia nossa obra", acrescentava.

Se fosse apenas o dos funcionários! No Exército, os oficiais convertidos eram suspeitos; nos escritórios, os estatísticos eram suspeitos; nos hospitais, os médicos, como Jivago, eram suspeitos; nas fábricas, os engenheiros eram suspeitos. Mas o poder precisava desses quadros, desses especialistas, dos *spets*, como diziam. Ao mesmo tempo que vigiava de perto esses *spets*, o poder bolchevique queria que esses quadros, esses intelectuais, servissem ao regime — em especial Lênin e Trotski, que cultivava um certo espírito tecnocrático cioso de eficiência.

Ora, o poder popular, introduzido no aparelho de Estado graças à prática política dos bolcheviques, que souberam enxertá-lo, pretendia controlar tudo que emanava das elites. Para começar, assim como os intelectuais não podiam participar do *Proletkult*, os técnicos de alto nível não puderam mais inscrever-se nos sindicatos. Pois, quando era vítima, o súdito do czar o era de todas as formas; para oprimi-lo, não havia divisão dos poderes. Consumada a revolução, o cidadão reivindicava naturalmente a totalidade dos poderes. E dele afastava os suspeitos...

A ponto de a massa, dali a pouco, não confiar mais nesses dirigentes, mesmo revolucionários, mesmo bolcheviques, quando ela os poupava. Via neles burgueses, como os *spets*: burgueses que, à exceção de Chljapnikov, único operário à frente do partido bolchevique, eles eram de fato.

Os longos cortejos de deportados para as ilhas Solovki, no extremo Norte, filmados por Goldovskaia, em 1922, bem-vestidos e que trabalhavam duro — seriam eles *spets*, revolucionários oposicionistas, ou artistas de vanguarda, todos velhos aduladores do progresso?

França, maio de 1968: uma réplica?

Longe da capital, uma greve de estudantes estourou porque um pedido de verba havia sido rejeitado. A maioria dos professores se recusara a aderir, pois "não faziam política". Era precisamente o que os estudantes lhes recriminavam. Achavam que a "entrada na vida deve ser fruto dos estudos, os estudos em si não constituindo um objetivo". A universidade devia abrir-se à compreensão da sociedade, e não fechar-se para ela.

Ora, enquanto os estudantes debatiam esses problemas e a agitação percorria a cidade, o colégio dos professores estava preocupado com um assunto bem diferente: a eleição do reitor.

Os estudantes, porém, repetiam as críticas ao ensino que lhes era imposto, modificavam o currículo de história, mudavam o sistema de avaliação.

Na capital, no mesmo momento, os atores e companhias ocupavam determinados teatros, modificando o repertório no lugar do diretor.

Pois bem, não! Esses acontecimentos não se deram na França em maio de 1968, mas na primavera de 1917 na Universidade de Odessa, nos teatros de Petrogrado e de Saratov.

Coincidências surpreendentes, mas que, no que se refere à França de 1968 e a *esses fatos*, não passavam de repetição de 1917, pois eles foram expurgados pela vulgata soviética, comunista, trotskista e permaneciam desconhecidos. Contudo, prefiguravam o que ocorreu na França meio século mais tarde, uma vez que os líderes desses acontecimentos reivindicaram o exemplo da revolução russa.

Os acontecimentos de 1968, em particular na França, não seriam, à sua maneira, e ao menos em certa medida, a expressão de um ressentimento contra as elites? Sem dúvida viu-se neles, em primeiro lugar e por todos os motivos, um movimento da juventude que serviu de teste, esboçando uma dinâmica social que transformou a revolta estudantil em crise política.

Nisso residia uma das diferenças em relação ao movimento

estudantil nos Estados Unidos, que dera origem a uma espécie de contrassociedade cultural, com seus hippies, ou na Alemanha e no Japão, uma contrassociedade política, com seus "exércitos vermelhos".

Em todas essas situações, a revolta não deixava de estar associada à irrupção em massa da faixa etária do *baby boom* do pós-guerra, que se traduzia pela chegada simultânea de um grande número de indivíduos ao mercado de trabalho. Essa conjuntura serviu de estopim para um mal-estar que precedera, para esses jovens, sua entrada na vida.

Desde a universidade, desde o liceu mesmo, os jovens começaram a questionar o funcionamento da sociedade, no caso de serem politizados. Em 1967, em Estrasburgo, o boletim da Internacional Situacionista denunciava o status "de uma camada em vias de massificação cujo futuro só poderá ser o de operar uma subversão das instituições". O que dava amplitude à sua frustração — a saber, que eles não teriam a possibilidade de desempenhar na sociedade a função que corresponderia a suas aptidões — era também o fato de que essa faixa etária vir a ser atribuída a si, pela publicidade, uma identidade coletiva enquanto novos consumidores.

Além disso, o cinema e, sobretudo, a música desempenharam o papel de educador, uma espécie de centro energético que libertava o corpo e constituía uma contracultura. O rock'n'roll foi o agente dessa revolução, em que se celebravam o fim dos períodos de coerção — o da época da família, da escola, do trabalho — e a evasão permitida por amplificadores ensurdecedores.

Entre a não violência dos hippies nos Estados Unidos e a violência dos *blousons noirs*[11] de nossas cidades, havia um traço comum: o questionamento dos pais.

Os hippies os recriminavam por apenas produzir e consumir; por estarem assim constantemente em contradição com os princípios morais sobre os quais pretendiam se basear. "Uma vez que vocês bombardeiam as crianças do Vietnã recitando a Bíblia, seremos sujos, mas teremos a 'alma limpa'", concluíam esses jovens pacifistas americanos.

Já os *blousons noirs*, filhos de operários, criticavam os adultos por não transformarem a sociedade, enquanto não cessavam de protestar contra os abusos. Montados em suas motos, com pesadas correntes atravessando os torsos, esses *blousons noirs* — meus alunos do liceu Rodin — me diziam:

> O senhor compreende, já estamos cheios dessas grevezinhas babacas que nossos velhos fazem, tudo para ganhar mais 100 paus, 2%... É preciso quebrar tudo para que isso mude.

Estávamos em meados dos anos 1960. O comportamento de uns e de outros traduzia um profundo sentimento de humilhação.

Sem dúvida as relações entre pais e filhos sempre foram marcadas pelo selo da ambiguidade. Kafka não foi o último a apontar que eram a expressão de um ressentimento recíproco. Ele escreveu a seu pai:

[11] *Blousons noirs*: literalmente, "jaquetas pretas", espécie de playboy francês dos anos 1950, amante do rock e fã de James Dean. (N. do T.)

> Sei muito bem que sua infância foi muito dura, que, descalço, você tinha de empurrar uma carroça na neve para ganhar sua vida. E também sei que é verdade que hoje — como eu negaria? — disponho de uma vida bem mais confortável. Mas em que devo ser-lhe grato?

Entretanto, em 1968, a ação politizada dos jovens apresentou-se enquanto tal, seu protesto não era simples questionamento ou repetição das críticas a seus pais como o eram os das juventudes comunistas, das juventudes cristãs ou outras. Não apenas viviam uma cultura paralela, como tinham moral própria, visão específica da sociedade, que o cinema americano exprimiu em dois filmes cults — *O selvagem*, de Laszlo Benedek, e *Juventude transviada*, de Nicholas Ray, que revelaram Marlon Brando e James Dean, respectivamente. Na França, os filmes da *Nouvelle Vague* revelaram o não dito das relações sociais e constituíram uma cultura paralela, os de Chabrol, Truffaut e Godard sobretudo. Basta tocar no templo dessas películas, a Cinemateca Francesa, exonerando seu guardião, Henri Langlois, e recebendo, em fevereiro de 1968, uma imponente manifestação, cuja maioria jovem protestou com vigor. Os mesmos jovens se manifestariam meses mais tarde contra a guerra que os Estados Unidos travavam no Vietnã e contra a repressão promovida pelos soviéticos em Praga. As linhas tradicionais da divisão política foram pelos ares.

Mas também fora pelos ares a deferência para com os dirigentes, todos os dirigentes, políticos e sindicais, assim como para com as elites. O princípio de autoridade voltava a ser questionado, achincalhado tanto na universidade como nas famílias.

"Mas por que então professores?", perguntavam-se, antes mesmo de a televisão se tornar uma escola paralela. Ao constatarmos como as elites do pensamento — incluindo Raymond Aron e Roland Barthes — viam-se superadas por um movimento cujo sentido não percebiam, compreendemos por que alguns de seus alunos os julgam então estéreis, devendo "ceder seu lugar a jovens que têm coisas a dizer."

Nesse contexto, a democratização do ensino parecia um engodo, uma vez que a seleção rejeitava a massa daqueles que não eram os melhores no momento escolhido, o dos concursos, isto é, os prejudicados pela ausência de herança cultural segundo Pierre Bourdieu e Jean-Claude Passeron. Esse modo de recrutamento, que era a base da meritocracia, se tornava suspeito. E esta constatação demonstrava que os grandes preceitos defendidos pelos políticos, juízes e professores eram de fato um logro, desmascarado na realidade. Os jovens, em princípio, encontravam professores que continuavam a testar programas concebidos numa outra época, para uma minoria, sem ter eles mesmos se interrogado sobre o conteúdo ou sobre a significação ou utilidade desse ensino e de sua aplicação. Na opinião de alguns desses jovens, os professores se revelavam como detentores de um capital, ou como opressores de um tipo particular, monopolizando o saber como mercadoria.

A reivindicação igualitarista atingiu formas paródicas. Na Universidade de Vincennes, por exemplo, um professor de filosofia perguntava-se gravemente se estava sendo imparcial, uma vez que havia apenas uma única cadeira no anfiteatro, e era ele que a ocupava. Na Universidade de Chicoutimi (Québec), em assembleia geral reunindo professores, estudantes e administração, o representante do diretório dos estudantes fez um discurso inédito:

> Como esta universidade é a menos bem cotada do Estado, para ela são enviados os professores mais nulos (*sic*). Ora, eles têm direito ao mesmo salário que os de Montréal. Por sua vez, os estudantes arcam com mais custos que outros, considerando as distâncias: pedimos que parte da remuneração dos professores seja concedida aos estudantes.

Votada, a moção foi submetida à administração, que prometeu estudá-la.

Foi nesse contexto que uma espécie de ressentimento contra os professores se desenvolveu, provavelmente alimentado por outras frustrações. Em sua sombra se desenvolveu um movimento dito pedagógico. Seu objetivo declarado? Regenerar os métodos de ensino, estimular as atividades do estudante para que ele domine o progresso de seus conhecimentos. Por trás dessas intenções, havia igualmente, latente e vinda de baixo, a ideia de despojar as elites de sua eminência, a vontade de operar uma espécie de revolução cultural cuja infantaria fosse constituída pelos poucos ou mal diplomados. Encontramos aí um procedimento análogo ao que, em 1917, em nome do *Proletkult*, questionara os fundamentos da cultura burguesa e que havia sido igualmente a expressão de certo ressentimento contra as elites.

No mundo das letras, a linguística constituiu o instrumento dessa operação, que desmantela os grandes textos em nome de uma cientificidade formal. Em história, ela se acobertou com o álibi da Escola dos Anais para suprimir relato e cronologia, *a priori* suspeitos ideologicamente. Substituiu-os por perguntas-respostas formatadas, em todo caso bem distantes da problematização instituída como método por Marc Bloch e Lucien Febvre. Dessa forma, surgiu outra classe de professores, mais inclinada à pedagogia que à cultura.

Ora, um movimento antiaristocrático, estimulado por um ressentimento bem similar, foi verificado no teatro. Em 1968, o Odéon foi invadido por atores e figurantes que não haviam sido selecionados por Jean-Louis Barrault e sua companhia para o espetáculo. Ele mesmo foi xingado e expulso de seu teatro sem saber porquê, traço frequentemente encontrado quando explode o ressentimento. Os manifestantes também criticavam a natureza do repertório proposto pelos figurões do espetáculo. Aconteceu novamente quarenta anos mais tarde em Avignon, onde o festival das companhias tradicionais foi tumultuado por aqueles que os organizadores não escolheram para as noites de maior prestígio.

Essa cadeia de ressentimentos ligava grupos sociais diversos, por certo não necessariamente estimulados pela mesma cólera — não houve morte de homem —, mas por um desejo de revanche. Naturalmente, é possível que alguns planejassem regenerar a sociedade.

Hoje em dia, a essas manifestações do ressentimento contra as elites culturais, entre outras coisas, somam-se novos fenômenos decorrentes da globalização da economia e do desenvolvimento das telecomunicações. Robert J. Shiller, economista na Universidade Yale, observa que a globalização opõe os homens de negócios transcontinentais, que dispõem de múltiplas redes no mundo, àqueles cuja competência se enraíza em seu torrão natal ou sua cidade, e que, sem conhecer o mundo, conhecem seus concidadãos. Seus modos de vida afastam cada vez mais as elites que reivindicam seu enraizamento territorial daquelas internacionais, para quem não interessa a nacionalidade ou a origem de seus interlocutores.

À sua maneira, há dois séculos Jean-Jacques Rousseau pressentira esse fenômeno, numa época em que se difundia a ideia de uma Europa herdada do Iluminismo. Ele escreveu:

> Europeus que não são mais ingleses, nem franceses, nem espanhóis [...], que têm os mesmos gostos, as mesmas paixões [...]. Para eles não interessa o senhor a quem obedecem, de que Estado seguem as leis.
>
> Contanto que encontrem dinheiro para roubar e mulheres para corromper, sentem-se em casa em qualquer lugar.

Uma revolução "contrarrevolucionária": a Alemanha

Tanto para a Alemanha de 1918 quanto para a França de 1940, a derrota foi um trauma. As consequências foram, com o tempo, a tomada do poder pelos nazistas, na Alemanha, e, na França, a instauração imediata do regime de Vichy.

Ambas consistiram em verdadeiras revoluções contrarrevolucionárias, ou conservadoras, independentemente do qualificativo escolhido para designá-las, o que não significa que foram similares no espírito de seus líderes.

Entretanto, não é recomendável associar essas duas revoluções exclusivamente a essas duas derrotas ou confinar a história do nazismo de 1918 a 1945 ou a de Vichy de 1940 a 1944. Se a derrota serviu de alavanca para a consolidação desses dois regimes, sua origem é muito mais antiga; a propósito, ela é comum a boa parte da Europa central e ocidental, e comprova a intensidade do ressentimento dos alemães pós-1919 e dos franceses pós-1940.

Com efeito, durante o meio século que precedeu a Grande Guerra, a sociedade europeia conheceu e sofreu mudanças sem precedentes. Às autoridades reconhecidas e declaradas do passado — padre, monarca, lei, funcionário, patrão — acrescentaram-se novos senhores anônimos e incontroláveis: as cotações dos mercados mundiais. São elas que reduzem brutalmente os preços agrícolas, provocando a ruína dos campos; que desencadeiam a crise econômica; que fazem ou desfazem a moda ou a opinião pública. Nesse mundo estranho, em célere transformação, atividades milenares desaparecem, profissões nascem e morrem antes que se passe uma geração, uma patente de invenção desaloja a outra para morrer por sua vez.

E tudo sempre em nome do progresso, da lei e da liberdade.

Essas mudanças lançaram os indivíduos numa sociedade atomizada, desenraizando-os e gerando a sensação de abandono. Nos países mais afetados por esse desenvolvimento exacerbado do capitalismo, a necessidade de encontrar recursos e solidariedades constituía uma forma de resistência a esse liberalismo julgado causa de todos os infortúnios. Sindicatos e corporações desenvolvem-se ou reconstituem-se ao lado dos partidos políticos de massa. "Saboreia-se o prazer instintivo de pertencer a um rebanho", escreveu Maurice Barrès em seus *Cahiers*.

Verdade na França, verdade na Alemanha, onde, contra essa modernidade, levantam-se ao mesmo tempo as Igrejas — pois essas mudanças são acompanhadas por uma secularização da vida —, os anticapitalistas da esquerda revolucionária, que contam com a classe operária para instaurar o socialismo, mas também os saudosos do passado. Na França, após a derrota de 1870, pairou o temor da decadência demográfica e econômica. Explodiram crises reveladoras de um grave mal-estar, quer se tratasse do caso Dreyfus ou do escândalo do Panamá. Na Alemanha, o descontentamento generalizado não decorreu apenas das condições econômicas externas — o onipresente cinturão da potência britânica freando a expansão — ou do medo da guerra, mas de uma insatisfação global oriunda das mudanças brutais que perpassam a sociedade em toda a densidade de sua cultura. Foi exatamente nessa época, durante os anos pré-1914, que Nietzsche e Scheler escreveram sobre o ressentimento na sociedade. Scheler manifestou-se contra a burguesia e seus valores, o liberalismo e "os judeus que o materializam", o parlamentarismo — "uma piada burguesa", diz Lênin —, a exploração do homem pelo homem. Suscitou aspirações contraditórias, mas todas vividas com paixão: quer se tratasse do nacionalismo ou do internacionalismo.

O projeto de revolução socialista, ou o de reação conservadora e nacionalista, alimentou-se assim, tanto na Alemanha como na França, de um mal-estar consecutivo ao choque de uma mudança econômica demasiado brusca. E do temor, na Alemanha, de não conseguir expandir-se por não ter colônias suficientes; na França, de desaparecer como grande potência.

Nada mais compreensível, antes mesmo de existirem grandes organizações de esquerda ou de direita, que indivíduos transitassem de um lado para o outro. Foi o caso emblemático de Georges Sorel, qualificado de pai do sindicalismo revolucionário e do fascismo ao mesmo tempo. Foi também o caso, na véspera da guerra, dos socialistas internacionalistas e pacifistas, cujos líderes, no Congresso de Stuttgart ou em outras circunstâncias, não se agrupavam por tendências do socialismo (revisionistas, radicais), mas por nacionalidades, reproduzindo assim a ordem instituída pelos governos que eles pretendiam combater ao lutar contra a guerra. Os socialistas franceses se mostravam revanchistas em relação aos socialistas alemães e amigavelmente condescendentes com os russos, que dispunham de poucos socialistas na Duma. De maneira que todos esses internacionalistas obedeciam aos dispositivos de relações entre Estados e de pertencimento a uma pátria.

Esse sentimento nacional, em 1914, varreu tudo — esse "instinto mais profundo que o socialismo e toda a sua lógica", dizia Benedetto Croce, "enraizou aqueles que se achavam desenraizados". "Não preciso de verdades abstratas", dizia Paul de Lagarde, um dos profetas do antissemitismo alemão, defensor desesperado da regeneração do país que ele julgava fadado a um futuro luminoso, pois era "um modelo de civilização", como também escreveu Thomas Mann em 1914.

Quando a guerra explodiu, em 1914, os juramentos pacifistas da véspera foram esquecidos ao primeiro toque de clarim, tanto na Alemanha quanto na França. Na Alemanha manifestou-se "uma excitação crescente fruto da sensação de insegurança".[12] Em primeiro lugar, diziam, a guerra transformará a vida, em seguida a vitória resolverá tudo. Eis o mito alemão que precedeu o que em 1918 foi o mito francês da "*der des ders*"[13], a última das guerras.

[12] Jeismann, p. 262.

[13] "*Der des ders*": "*dernière des dernières*", isto é, a "última das últimas". (N. do T.)

Ora, de volta para casa após três ou quatro anos em território inimigo, os soldados alemães "*que retornavam invictos do campo de batalha*", seu solo inviolado, participavam entusiasmados das cerimônias de recepção que cristalizavam suas ilusões. De forma brutal, os alemães descobriram as cláusulas do armistício antes que, no Tratado de Versalhes, os vencedores julgassem seu país culpado e responsável pela guerra. A violência do ressentimento contra quem aceitara reconhecer essas cláusulas só tinha paralelo naquele que era alimentado contra seus supostos vencedores.

A guerra estava terminada; mas não chegara ao fim nas mentes.

Quanto à população civil, embora durante a guerra a vida tivesse continuado como antes — afora as restrições, cada vez mais severas —, a Revolução Espartaquista de 1918 trouxe mudanças terríveis para o cotidiano: greves, fuzilarias, passeatas, vitrines quebradas. Durante a guerra, o sentido dos fatos era claro, mas aqueles aos quais ela assistia pareciam incoerentes e confusos.

A humilhação de ser tratada como vencida e culpada sem sentir o peso da derrota e o fato de se julgar guardiã da civilização superior — a eminência dos alemães era efetivamente reconhecida no domínio das ciências, da técnica, da cultura filosófica ou musical — intensificaram o ressentimento, que se exerceu, segundo Thomas Mann, como um "Versalhes interior" contra aqueles que assumiram essa posição. Não demoraram a ser vítimas de um atentado por parte da extrema-direita dos signatários do Tratado de Versalhes (Erzberger) — revolucionários que julgavam que a Alemanha tinha sua cota de responsabilidade na deflagração da guerra (Kurt Eisner) — os que estimavam que o pagamento de reparações permitiria o retorno de uma atmosfera de paz (Walter

Rathenau). Durante os primeiros anos que se seguiram ao armistício, foram contabilizados 376 assassinatos políticos, dos quais 354 de homens de esquerda.

Ora, com a ocupação do Ruhr e a inflação — o dólar passou de 10.425 marcos para 4.200 bilhões de marcos —, observou-se em 1923 a primeira investida hitlerista, incluindo um *putsch* frustrado aprovado pelo general Ludendorff. Algo nunca visto, essa inflação, principalmente, lançou as classes médias no mais profundo desespero, ressuscitando, multiplicada por cem, a sensação de insegurança surgida dez anos antes, às vésperas da guerra.

Os fornecimentos obrigatórios de carvão a título de reparação suscitaram manifestações em que se exprimia a cólera de uma sociedade humilhada e que fermentava sua vingança — mas na impotência. Eis o que a levou a forjar projetos de grandeza a ser recuperada e de um futuro glorioso. Já em 1922, Moeller Van der Brück, teórico do neoconservadorismo, conclamou a juventude alemã e elogiou o crescimento demográfico, que permitia o desenvolvimento do gênio alemão; era preciso "aproveitar a derrota aparente para preparar uma verdadeira vitória". Oswald Spengler popularizou essa esperança ao fazer referência ao "solidarismo disciplinar herdado da Prússia, única coisa capaz de proteger a raça branca contra a investida das classes inferiores". Essa outra revolução, destinada a derrubar a República de Weimar instalada nas "tropas do estrangeiro" e a instaurar o Terceiro Reich almejado por Moeller Van der Brück, só poderia ser nacional. É o que explica a plêiade de publicistas que desacreditavam a democracia representativa e parlamentar e desenharam o que tornaria o país livre dos partidos políticos que se engalfinhavam e representavam a ameaça de novo "golpe" dos comunistas. Todas essas ideias são retomadas — e sintetizadas por Hitler em *Mein Kampf (Minha luta)*, que lembra, com Goebbels e Alfred Rosenberg, a natureza do combate que os arianos deviam travar contra as Internacionais europeias e seus agentes tanto do lado de dentro como de fora, os judeus.

Esta é a forma, analisada por Philippe Burrin, assumida pelo ressentimento nesses líderes, que a crise de 1929 — verdadeiro apocalipse social com seus 6 milhões de desempregados e milhares de falências — revigorou. A resposta do nazismo seria uma revolução social plebeia e contrarrevolucionária, e medidas vingativas contra aqueles que o Führer julgava responsáveis pela calamidade. Três meses após sua ascensão ao poder, 500 mil pessoas (comunistas, social-democratas, liberais e cristãos) eram enviadas para campos de trabalho forçado, idealizados por Goering. Os judeus iriam segui-los.

A vitória deveria resolver tudo para os alemães.

É de fato um ressentimento pessoal que, no início, incita Joseph Goebbels contra os judeus. Acabava de se doutorar em filosofia, escrevera um drama cristão, *Judas Iscariotes*, e solicitara um emprego de redator no *Berliner Tageblatt*, jornal dirigido por um judeu favorável ao regime de Weimar. Seus artigos foram devolvidos. Outra humilhação, uma coletânea de comentários políticos — *Michael, um destino alemão* — foi recusada por um editor, Ullstein, judeu também. Essa dupla ferida transformou-o em antissemita fanático, o que não combinava em nada com ele, que dedicara um poema de Heine, judeu cujas obras mandou queimar quinze anos mais tarde, a Hanka, seu primeiro amor.

Esse ressentimento pessoal logo veio a enxertar-se no antissemitismo de Karl Kaufmann, líder do partido nacional-socialista de

Elberfeld, a quem ofereceu sua colaboração e que lhe apresentou Hitler. Kaufmann, veterano dos corpos francos, pertencera ao grupo pangermanista e antissemita Schutz-und-Trutsbund (Liga Ofensiva e Defensiva), responsável pelo assassinato de Rathenau.

Ao contrário do que ele deu a entender, e como demonstrou Brigitte Hamann, nada prova que Hitler tenha sido antissemita antes do armistício de 1918: decerto era xenófobo em Viena, onde não se tolerava a presença de checos, eslovenos e judeus também, mas pelas mesmas razões que os outros. Durante a guerra, nada — sua correspondência, por exemplo — atesta um antissemitismo identificável. De maneira que, diferentemente de Goebbels, nenhum ressentimento pessoal o animava. Sabemos, por exemplo, que nenhum judeu figurava entre os membros do júri que o eliminaram no exame da Escola de Belas-Artes, e que ele tinha certa amizade pelo médico de sua mãe, que era judeu.

Foi mais tarde, em Munique, que se consolidou seu antissemitismo, na medida em que esta cidade puramente alemã lhe era cara e se tornou um dos núcleos da revolução de 1918: à frente do conselho operário, militar e camponês achava-se um social-democrata independente, isto é, próximo dos espartaquistas, que era judeu.

Hitler observou que Bela Kun, na Hungria, também o era, assim como Karl Marx e como os — segundo seus termos — "judeus--bolcheviques" (Trotski, Zinoviev etc.), que poderiam perverter a identidade alemã da mesma forma como haviam feito com a civilização russa. Era, portanto, o judeu enquanto revolucionário que ele combatia em primeiro lugar, escrevendo, aliás, pouco depois um opúsculo com Dietrich Eckart, *O bolchevismo de Moisés a Lênin*. Isso porque o segundo aspecto de seu antissemitismo recaía precisamente no questionamento do judaísmo, culpado de ter originado o cristianismo, que desvirilizou as raças nórdicas, como o ensina Hans F. Gunther, um dos teóricos mais populares do "nortismo". O racismo amarra essas diferentes considerações, inspirado em Hitler pela arte mágica de Wagner e pelos textos de Gobineau e Houston Chamberlain — também de Nietzsche, que na verdade ele não leu. Aliás, ele interpretou incorretamente o conceito de super-homem — uma luta íntima — e não percebeu que Nietzsche condenava e desprezava os antissemitas. A dimensão anticapitalista de seu antissemitismo era central em Goebbels, na mesma medida da luta contra o "complô judeu internacional" que mobilizou Hitler. Enquanto a primeira era herança da atmosfera antiburguesa do pré-guerra, a segunda foi revigorada pela tradução em alemão dos *Protocolos dos sábios de Sião*, opúsculo antissemita inteiramente fabricado que descreve os planejadores do complô imaginário. Kellog provou recentemente que foram os imigrantes russos-brancos, vindos dos países bálticos e da Ucrânia, que trouxeram os *Protocolos* em suas malas, contribuindo para dar uma forma sintética ao antissemitismo da extrema-direita alemã.

Esses diferentes registros não eram abordados da mesma forma. Assim, nas conversas privadas de Hitler, em especial as gravadas por Martin Bormann, ou ainda no que delas conta Goebbels, o ódio dos judeus era acima de tudo o do povo que engendrou o cristianismo ("a vez de seus padres chegará", ele repetia). Mas essas afirmações nunca foram feitas em público a fim de não afastar os crentes.

Goebbels definia o judeu como obstáculo à regeneração da Alemanha — isto é, ao sucesso do regime: o povo alemão torna-se assim vítima dos judeus, que os insulta e ameaça. Obstáculo à pureza da raça, era este o estribilho de Hitler e Goebbels, com o judeu sendo constantemente estigmatizado. Mais tarde, passada a época do Pacto Germano-Soviético e chegados os reveses da campanha da Rússia, o complô judeu-bolchevique retorna com força, os judeus sendo agora denunciados como a personificação da aliança antinatural do capitalismo e do comunismo, os dois inimigos do povo alemão.

Em plena guerra, o mito do complô e o mito ariano associavam-se da seguinte forma: com o acionamento da máquina do extermínio, a força do ressentimento terminou por prevalecer sobre a exigência de sobrevivência da nação alemã. "Antes de qualquer coisa, promover o extermínio", ordenou Hitler no momento da derrota. Não foi uma ordem por escrito, mas, como as injunções anteriores, foi efetivamente aplicada.

Todos esses registros — o antijudaísmo, a responsabilidade dos judeus na eclosão das revoluções, seu papel econômico, a internacional "sionista", o racismo — fomentaram o ressentimento dos dirigentes nazistas contra os judeus. A ideia principal que propõe em 1940 o filme de Veit Harlan, *O judeu Süss*, com a colaboração de Goebbels para popularizá-la, estava estreitamente ligada à argumentação racista: ainda que permanecesse no gueto, o judeu encarnava os estratos inferiores da humanidade; quando sai dali e se moderniza, polui o resto da sociedade e é bom desconfiar dele. Afastá-lo, eliminá-lo, executá-lo tornou-se questão de salvação pública.

Eis as três fases do comportamento dos nazistas: antes da guerra, expulsar os judeus alemães de uma maneira ou de outra; em seguida, no início da guerra, confiná-los em zonas isoladas, guetos; finalmente exterminá-los, e quando a derrota perfilar-se no horizonte, fazer do genocídio uma prioridade, "minha única e verdadeira vitória", disse Hitler antes de se suicidar.

Por um lado sabemos que um profundo ressentimento insuflou os alemães contra o Tratado de Versalhes e que esse ressentimento perpetuava com violência decuplicada as recriminações que os alemães já alimentavam antes da guerra, julgando-se vítimas da História;[14] sabemos igualmente que um certo antissemitismo existia no país, assim como aliás em uma parte da Europa.

De qualquer forma, nem o extermínio das populações eslavas — parte do programa nazista — nem o dos judeus em sua totalidade jamais foram considerados por dirigentes ou grupos, fossem quais fossem. Ora, os nazistas fizeram da perseguição e depois do extermínio dos judeus uma prioridade, o que não era o caso da maioria dos alemães, ainda que houvessem aderido, e mais amplamente do que quiseram admitir *a posteriori*.

Se foram capazes de fingir não perceber isso, foi porque até as vitórias do verão de 1941 viveram momentos inesquecíveis. A partir de 1933, o caráter misterioso de mecanismos econômicos parecia ultrapassado, o medo da pauperização superado, a ordem autoritária esquecida em virtude de uma guerra que fazia todos iguais, convictos da vitória de sua raça. No momento da derrota, os alemães não exprimiram nenhum arrependimento, nem tampouco demonstraram qualquer ressentimento contra seu Führer bem-amado.

[14] Ver adiante, p.106.

Permanece assim o mistério no comportamento dessa sociedade civilizada, provavelmente a mais culta da Europa, que pôde, com maior ou menor intensidade, participar de violências e de crimes até então desconhecidos na História.

Vichy: cada um com seu ressentimento

Na França, o ressentimento manifestado no dia seguinte à derrota de 1940 não decorria de uma explosão de raiva, como na Alemanha em 1919, mas de um abatimento provocado por um naufrágio sem precedentes na história do país. O outro arroubo de ressentimento, no momento da Libertação, assumiu a forma de expurgo com tons vingativos, que é, também, uma reação tanto às humilhações da derrota como à política de colaboração.

Nesse intervalo, nos altos escalões do Estado francês, os ajustes de contas se sucediam sob o olhar do ocupante.

Cada um com seu ressentimento.

Em 1940, persuadidos de que a guerra terminara, de que "a Inglaterra teria o pescoço torcido como uma galinha", os novos dirigentes se instalaram na derrota. Inverter as alianças, como "Napoleão em Tilsit", disse Pétain, eis o que permitiria salvar o que fosse possível: o Império, a frota, a soberania sobre uma parte do território. A instalação em Vichy era considerada provisória.

Para Pétain, começava uma nova era da História, a da "regeneração" da França. "É o abandono do esforço que nos trouxe até aqui", disse ele, para quem a culpa recaía sobre a Frente Popular. Blum era duas vezes culpado pela derrota, por ter apoiado aquele regime hediondo e por ter sido belicista quando todos sabiam que a guerra estava perdida. Mas Paul Reynaud e Mandel o eram igualmente, por terem sido intransigentes com Hitler e depois apontado a incapacidade do comando militar, o que desmoralizara a nação.

Ele também criticou Paul Reynaud por ter chamado Weygand para o comando dos exércitos após a exoneração de Gamelin. "Não gosto de Weygand", disse-lhe. Antigo ciúme e velho ressentimento pessoal contra aquele que foi o assessor de Foch, generalíssimo que o sucedeu em 1918 e insuflou a honra da vitória ao interromper as hostilidades no momento em que, com o general Pershing, ia entrar na Alemanha. No dia seguinte ao armistício, do qual foi fervoroso adepto, sua intransigência face aos alemães paralisou a política de colaboração tal como Pétain pretendia implantar. Terminou por livrar-se dela quando condenou as concessões feitas aos alemães: bases na Síria e facilidades para passar na África do Norte.

Pétain sentia a mesma humilhação, alimentava o mesmo ressentimento contra Laval, de quem contudo era devedor por tê-lo livrado do Parlamento em 10 de julho de 1940, por ter provocado o suicídio da República e pela instauração desse Estado francês do qual ele agora era o chefe. Sabendo-se aprovado pela maioria dos franceses — no Parlamento, em janeiro de 1940, portanto antes da derrota, a direita e a esquerda aclamaram sua nomeação para o governo de Paul Reynaud —, Pétain era cioso de sua autoridade. Com seus outros ministros, repreendeu Laval, que se havia apropriado das relações com os alemães e preparara — o que Pétain e Baudouin, seu ministro das Relações Exteriores, não conseguiram — o encontro com Hitler que Pétain tanto almejava.

Após esse encontro de Montoire em outubro de 1940, no qual foi selada a política de colaboração, Pétain, sentindo-se descartado dessa política, se desvencilhou de Laval e o substituiu por Darlan. Porém, em 1942, se viu obrigado a nomeá-lo novamente para a frente do governo, já que os alemães consideraram uma afronta a sua dispensa.

Na verdade, a demissão de Laval, em dezembro de 1940, contribuiu para construir o mito do "jogo duplo" do marechal — Laval aparecendo como a encarnação da política de colaboração —, o que é confirmado pelo discurso em que declarou "desejar a vitória da Alemanha", em 1942. Em contrapartida, exibindo suas boas relações com o embaixador dos Estados Unidos, Pétain parecia ter dois ferros no fogo. Se é verdade que gostava dos americanos e detestava os alemães, a luta dos alemães contra a Rússia bolchevique e a pressão do ocupante fortaleceram a política de colaboração: a discordância com Laval e o ressentimento do marechal eram acima de tudo de ordem pessoal.

Antes de ruminar seu rancor em relação a Pétain, velhas contas a acertar haviam feito de Laval aliado e padrinho da política do marechal. Assim, em julho de 1940, em Vichy, "ele quis castigar o Parlamento por tê-lo expulso em 1936 e não o escutado mais desde então".[15] Julgava que em 1935-1936 sua política de "pequenos passos" em relação à Itália, à União Soviética e à Inglaterra seria suficiente para neutralizar Hitler, mas as concessões feitas ao Duce na Etiópia provocaram sua queda. E, além disso, esse ex-defensor, com Briand, da reconciliação franco-alemã, detestava os que proclamavam "tudo

[15] Fred Kupferman.

pela guerra". Em 1938, fora favorável ao Acordo de Munique, mas de forma bem discreta, pois detestava Daladier, o signatário, e se calara. Alimentou também vivo ressentimento contra a Inglaterra, que deu garantias aos poloneses e assim arrastou a França à guerra, ao passo que esses mesmos poloneses se aproveitaram da crise de Munique para anexar Teschen, não tendo mais por que esperar garantias franco-britânicas. Seu rancor e sua anglofobia não fizeram senão com que ele insistisse em sua política de colaboração, ainda que se tenha oposto a que a inversão de aliança resultasse numa declaração de guerra à Inglaterra, o que pediam os colaboracionistas, Déat e Doriot.

Em Vichy, detestava sobretudo o círculo do marechal, todos mais ou menos ligados à Action Française e bajuladores dessa revolução nacional abençoada pela Igreja — antiparlamentares na alma, quando não antirrepublicanos, como Alibert e Weigand.

Era a época da revolução nacional (embora o slogan "Trabalho, Família e Pátria" tenha sido imaginado por Laval, Pétain tendo acrescentado "Ordem" e depois retirado), estimulada por uma hostilidade às tradições republicanas, da democracia, do parlamentarismo representativo e que datava de antes de 1914. Ainda que Pétain se mantivesse afastado dessa vertente que podemos denominar "fascistoide" — e foi por isso que o qualificaram de "marechal republicano" —, não deixa de ser verdade que um bom número dos ministros e conselheiros que o cercavam participara do golpe de Estado frustrado de 6 de fevereiro de 1934: Scapini, que se tornara "embaixador dos prisioneiros"; Xavier Vallat, encarnação do antissemitismo parlamentar; Philippe Henriot, único orador com o talento dos locutores de "Aqui-Londres, os franceses falam aos franceses"; Adrien Marquet, um dos fundadores, ao lado de Marcel Déat, do partido neossocialista, logo parafascista. Todas essas pessoas sonhavam apenas com revanche, e — patrocinadas pelo alto clero — exerciam seu ressentimento contra a República radical, radical socialista e socialista, começando por fechar o Parlamento. Isso aliás convinha ao marechal, "que falava com esse tipo de gente", ao passo que Laval, parlamentarista na alma, apenas quisera acertar suas contas com a representação eleita em 1936.

Essa primeira representação do regime de Vichy permitia ao que sobrara do fracasso de 6 de fevereiro e a todos aqueles que, desde antes da guerra de 1914, denunciavam os responsáveis pela decadência francesa, saciar seu ressentimento contra os "tudo pela guerra" — os franco-maçons, os judeus, sem falar dos comunistas já banidos da nação por Daladier desde a época do Pacto Germano-Soviético.

Paralisados pela derrota, pela ocupação de mais da metade do país, os franceses desses primeiros anos turvos estavam relativamente pouco preocupados com as mudanças políticas. Na expectativa do retorno dos prisioneiros, frequentemente em busca de trabalho, logo sensíveis às dificuldades de se abastecer devido aos confiscos operados pelos alemães, eles criticavam os responsáveis pela derrota: os homens políticos, aliás, mais que os chefes militares. Mas a escolha de um lado, Londres ou Berlim, não foi sua preocupação primordial. Como lembrou corretamente Pierre Laborie, sabemos que uma maioria de franceses chorou a derrota — embora desejando o armistício —, aplaudiu fervorosamente o marechal Pétain — embora rejeitando o regime de Vichy —, e foi hostil ao ocupante — sem por isso opor resistência. E ainda aceitou a Ocupação durante um longo tempo — embora sonhasse com a Libertação...

Quanto às medidas tomadas contra os judeus, enquanto não assumiram a forma de prisões, confinamentos e deportações a partir de 1941, incluindo crianças e mulheres, tudo aconteceu como se esse aspecto não existisse, como se ninguém ou quase ninguém estivesse a par. Ficariam quando passasse a tempestade, pois em 1940 era grande a legião dos excluídos: parlamentares, franco-maçons, funcionários afastados ou demitidos, prefeitos e subprefeitos, republicanos espanhóis também; o que prevaleceu: silêncio e indiferença.

Entretanto, observa Pierre Laborie, após o outono de 1942, "a violência das emoções diante da sorte reservada aos judeus modificou o olhar a eles dirigido...". Agora eles eram vistos, mulheres e crianças principalmente, como inocentes vítimas. Mas qual o alcance dessa mudança? "Convém efetivamente interrogar-se [...] sobre a significação do novo silêncio que se abateu, durante a Libertação, dessa vez sobre o genocídio"[16] que ninguém imaginava.

No fim de 1942, a situação mudara. O desembarque aliado na África do Norte, a ocupação da zona livre pelos alemães, a sabotagem da frota francesa em Toulon, a instauração do STO (Serviço do Trabalho Obrigatório), a recusa dos jovens a participar dele e o nascimento dos *maquis* — esses novos fatos criaram um clima de guerra civil, a partir do momento em que a milícia de Darnand passou a cooperar com os ocupantes com fins de reprimir, deportar, prender, fuzilar.

O outro elemento motriz é sem dúvida o endurecimento das autoridades alemães, apoiadas pelos fascistas franceses, como Doriot ou Déat, que naturalmente não se apresentavam como tais, mas

[16] Pierre Laborie, p.160.

nem por isso deixavam de sê-lo. Acusavam Vichy de não declarar guerra aos anglo-americanos e, de Paris, propagaram um discurso colaboracionista que, poupando o marechal, acusou Laval de trair a colaboração e a revolução social. "Laval, esse judeizado", foi a manchete de *Je Suis Partout* de 2 de setembro de 1954. Não é o que pensavam os dirigentes alemães, que preferiam a ambiguidade da política de Laval a uma inserção da França de Vichy no universo nazista.

Daí o ressentimento dos defensores de uma reforma das instituições e das práticas na França segundo o modelo nazista, que viam suas esperanças frustradas. Até o último momento — seu exílio em Sigmaringen antes da libertação de Paris —, Hitler recusou a formação de um governo Déat-Doriot. Ainda que Pétain, convencido pelos alemães, e Laval tenham cessado de exercer, mesmo ficticiamente, suas funções.

Doriot e Déat eram de fato rivais em matéria de colaboracionismo. Doriot vinha do Partido Comunista: partidário de uma Frente Popular *avant la lettre*, foi excluído por ter pensado nisso muito cedo e, por rancor, não parou mais de combatê-la. Porém, mesmo contando com uma base popular em Saint-Denis, ele era prudente. Em 1939, a assinatura do Pacto Germano-Soviético o deixou sem voz, assim como a maioria dos comunistas. O percurso de Marcel Déat é diferente. Exercendo sua verve no periódico *L'Œuvre*, já que não dispunha de base operária, só conheceu insucessos de 1930 a 1945. Se fosse preciso defini-lo, poderíamos dizer que encarnava, na França, o homem do ressentimento: humilhado, vingativo, sempre maquinando novos planos para o futuro.

Seu percurso jogou uma luz sobre a natureza e as razões dos fascistas franceses. Em 1940, o homem que não quisera que se lutasse "por Danzig", julgando que a História lhe deu razão, propôs todo um programa de inserção da França numa Europa alemã. Achava que dessa forma poderia finalmente consumar a revolução social de seus sonhos.

Comparando a situação da França e da Alemanha no outono de 1918 e no outono de 1940 — e desenvolvendo toda uma argumentação para justificar a criação, na França, de um partido único —, Marcel Déat explicava que pretendia constituir um partido "que fosse uma cópia do Partido Nazista, mas que se pareceria com ele como uma missa negra com uma missa branca". Com efeito, explicou ele, ao passo que o Partido Nazista fundara-se sobre a rejeição do veredito de Versalhes, o que ele projetava partia da aceitação incondicional da derrota. Enquanto o Partido Nazista fora fundado sobre o mito da inocência da Alemanha, a qual portanto não teria provocado a guerra em 1914, o partido francês o seria sobre o mito da responsabilidade unilateral da França e da Inglaterra em 1939. Finalmente, ao passo que o Partido Nazista fundara-se sobre a reivindicação do espaço vital, o partido francês seria cimentado pela "resignação dos franceses a se tornar um pequeno Estado agrícola, o pomar e o Luna-Park da Hitleria".

Essas razões, dadas no dia seguinte à derrota, foram amplamente difundidas sob a Ocupação e tiveram pouco sucesso, ainda que houvessem repercutido bastante: nunca a União Nacional Popular ultrapassou os 20 mil ou 30 mil adeptos nas duas zonas. Em 1940, Pétain rejeitara o princípio, pois "por definição uma fração não pode ser um todo", mas retivera a ideia de uma força de apoio que lhe conviesse: seria a Legião Francesa dos Combatentes. Com a ressalva de que ele seria seu chefe. Julgando que essa legião não preconizava com suficiente fervor a colaboração franco-alemã e afastado de sua direção, Déat saiu julgando ter sido enganado!

Um retrospecto permite constatar que não era sua primeira desventura...

Socialista desde 1919, anticlerical e violentamente antibolchevique, ele via a esquerda revolucionária, depois da cisão de Tours entre comunistas e socialistas, como "uma Igreja dispersada após a perseguição". Na medida em que os extremistas superestimaram o abalo do país na esteira da Grande Guerra, que o Partido Comunista "desarticulou as forças operárias", ele se pretendia reformista e estimou que a vitória se situava no centro, como se dizia então, isto é, com o apoio da pequena burguesia. Convinha então participar dos governos dirigidos pelo Partido Radical. Ao que Blum se recusa, Déat declara: "essa enfermeira do velho partido que, em vez de acordá-lo, o mantém num estado de letargia e esteriliza sua força rediviva".

Por outro lado, embora Blum elogiasse esse fanfarrão sempre em alerta, não seguiu sua opinião quando, no início de 1929, Daladier, um radical socialista, propôs-lhe participar de seu governo. Ora, para Déat, não era uma questão de tática. Ele julgava que o partido não devia se polarizar apenas sobre a classe operária, ou permanecer paralisado pela ameaça e a concorrência comunista. A seu ver, o partido devia estar na dianteira, o que ele explicou em *Perspectives socialistes*, obra bem próxima das ideias *planistas* de Henri de Man. "Foi um terremoto que abalou tudo", escreveu ele em suas *Memórias*, onde dá livre curso à fanfarronice. Fez-se silêncio em torno dele:

> Silêncio completo no partido, nenhuma resenha no *Populaire*. Nunca, nem Aurion nem Léon Blum me disseram uma palavra sobre ele; nem para acusar recebimento... É desse livro que data meu rompimento com Léon Blum, que terminou por compreender que eu não era do tipo que se comporta como discípulo dócil e que não tardaria a me tornar incômodo... Pois minha popularidade aumentava, e um espírito como Blum, nascido para ser sumo sacerdote, não poderia perdoar.

Sem deixar de questionar a distinção operada por Blum, antes de 1936, entre a tomada de poder e o exercício do poder, Déat julga que o poder não permitiria reformas de estrutura, mas apenas de distribuição. Colocava-se assim como teórico de um neossocialismo que rachou efetivamente com Renaudel, Monzie e Marquet etc., todos críticos dos "falastrões medrosos", que tinham entre seus slogans "ordem, autoridade, nação", o que apavorava Léon Blum. Tratava-se de instituir formas intermediárias entre capitalismo e socialismo, o caminho fascista constituindo, segundo eles, itinerário possível de instauração do socialismo com a condição de manter a liberdade e o regime parlamentar.

Hostil à intervenção na Espanha, favorável a negociações com Hitler, pois "é preciso ser louco para se indignar por Hitler querer reprimir os eslavos", Déat aprovou os acordos de Munique e seguiu Georges Bonnet, ministro das Relações Exteriores disposto a todas as concessões à Alemanha nazista, por seu anticomunismo. Seu artigo "Devemos morrer por Danzig?", publicado em *L'CEuvre*, transformou-o em líder dos pacifistas, a linha entre pacifistas e belicistas prevalecendo sobre a linha entre esquerda e direita.

Temendo a derrota mais do que a desejando — distinção a que visava Maurras e os seus, esses conservadores "que ele odeia desde sempre" —, Déat julgou, em junho de 1940, que teve mais uma vez razão, o que combinava muito bem com ele.

Em 5 de julho de 1940, ele preconizou em *Le Moniteur*, do Puy-de-Dôme, a criação de uma União Nacional Popular, com vocação de partido único, à qual se juntaram Bergery e os *neos* (socialistas) e Doriot e seu PPF, claramente fascista. Déat contava com Laval, mas ele não o chamou para seu governo. Atacando violentamente Vichy, que não colaborava senão parcimoniosamente, tanto antes quanto depois de Montoire, deu a entender a Pétain e a Raphaël Alibert — maurasiano, "larva jurídica cheia de rancor", autor do estatuto dos judeus — que trabalhava para Laval. Foi preso em 13 de dezembro. Em seguida, como Laval, foi solto graças ao embaixador alemão em Paris, Otto Abetz, de cuja boa vontade se beneficiou, e por ordem de Hitler.

"Não deixaremos a França ser assassinada e estamos dispostos a tudo", escreveu em *L'Œuvre* em 3 de março de 1941. Agora ele se voltava contra Darlan e propunha um retorno a Paris, a verdadeira capital: "Fechemos Vichy!". Mas, quando Pétain resolveu reintegrar Laval, ele o afastou pela segunda vez de seu governo, julgando-o um pouco perigoso, dada a concorrência que Doriot lhe fazia.

Déat recobrara-se depois do ataque alemão contra a URSS em junho de 1941, mas nenhum governo Doriot-Déat fora cogitado pelos alemães: eles preferiam a dupla Pétain-Laval. Quando a Legião Francesa contra o Bolchevismo foi criada, diz ele,

> a fim de conjurar toda denúncia de evasão como sendo marca de duplicidade e covardia, ficou decidido que (como

> Doriot) nos engajaríamos na LVG, pelo menos Deloncle, Fontenoy e eu [...], assumirei o comando do 3º Batalhão.

Mas no dia em que a Legião pegaria em armas, dia em que esteve na companhia de Laval, Déat foi vítima de um atentado. Declarara que nunca poria os pés em Vichy e que, caso se tornasse ministro, não prestaria nenhum juramento a Pétain, considerado tímido demais em relação à Alemanha nazista. Imposto pelos alemães, ele finalmente entrou no governo de Pierre Laval como ministro do Trabalho e da Solidariedade Nacional. Sua nomeação foi anunciada no *Völkisher Beobachter*, órgão do Partido Nacional Socialista. Laval foi obrigado a aceitar sua nomeação, que Pétain se negou a assinar.

Ministro "ilegal" nomeado pelos alemães, açambarcou um a um os poderes do governo. Laval confiou-lhe o Serviço do Trabalho Obrigatório, o que não era um favor. Não apenas ele se conformou, como aquilo lhe convinha perfeitamente.

Como outros colaboradores, fugiu para Sigmaringen. Com a demissão de Pétain e Laval, Déat julgou chegada sua hora. Mas foi Doriot que Ribbentrop aconselhou Hitler a escolher, decisão que por sinal o Führer não tomou. E justamente quando ia encontrar seu rival, Déat soube que ele acabara de ser metralhado por um avião aliado.

Escondendo-se agora nos Alpes italianos, Déat avaliou, em suas *Memórias*, "que a História não o havia desmentido".

Esse pacifista, que não quisera lutar por Danzig, finalmente engajara-se na LVF, antes de morrer, recluso, escondido num refúgio perto de Turim. Anticlerical empedernido, expirou num convento.

Se houve um ressentimento que os fascistas franceses não puderam exprimir, foi efetivamente o que alimentaram contra o Führer. Antes de 1939, pacifistas queriam crer que uma "abordagem compreensiva" da política hitlerista permitiria uma conciliação, a extensão da grande Alemanha para o Leste, até mesmo uma investida contra o bolchevismo.

Ora, não podiam imaginar que o Führer não queria tantas concessões, mas a guerra, como Ribbentrop disse a Ciano em agosto de 1939 — porque é assim que "a raça alemã imporá sua indiscutível preeminência". No passado recente, o Führer julgava que seu grande sucesso não fora o *Anschluss*, inelutável, nem mesmo Munique, quando necessário negociar, mas sim a ocupação de Praga, ato de força contra uma nação desprezível e que seus aliados, França e Inglaterra, tiveram de aceitar.

Claro, os pacifistas franceses fizeram recair sobre os governos da Polônia, da França, da Grã-Bretanha e da URSS a responsabilidade pelo início do conflito. Mas, assim como com o Pacto Germano-Soviético, ficaram estupefatos e não quiseram ver no fato senão o fruto de uma manobra de Stálin.

Pela segunda vez, os pacifistas franceses não puderam exprimir seu ressentimento contra Hitler, pois de 1940 a 1945 pretenderam incessantemente que seu país fosse integrado à ordem nazista. Mais colaboracionistas que colaboradores, acusavam Laval de contra-atacar a revolução social ao estilo alemão que almejavam a fim de que a ordem fascista reinasse na Europa. Ora, uma vez, duas vezes, três vezes — acusando mesmo Abetz de sabotagem, julgando-o mais alemão do que nazista, tendo na cabeça o modelo kominterniano de uma Internacional (fascista) com partidos obedientes ao centro —, eles não souberam ver que o Führer não queria criar uma Europa nacional-socialista enquanto federação de nações, mas sim impor a supremacia do *Deutschtum* e a superioridade da raça alemã.

O *expurgo*, esse ímpeto de vingança surgido na Libertação, fez 10 mil vítimas e não 150 mil, como a imprensa livre sugeriu no outono de 1944. Em contrapartida, a última cifra aproximava-se dos 160 mil verdadeiros deportados políticos, a serem somados aos 90 mil franceses israelenses e judeus estrangeiros que nunca mais voltaram.

Mas o traço marcante é evidentemente o contraste entre o alarido acerca do expurgo, sua arbitrariedade e seus excessos — uma vez que a liberdade de imprensa estava de volta — e o silêncio de *Noite e brumas*, filme de Alain Resnais, que acompanhara as vítimas da época da Ocupação.

De toda forma, o ressentimento manifestou-se, como sabemos, sobretudo contra os intelectuais, que — como Brasillach — exigiam "que fossem fuzilados todos os deputados comunistas, assim como Paul Reynaud e Georges Mandel" e que se impacientavam em 1941: "Mas o que estamos esperando?". Ou contra os locutores da Radio-Paris e outros publicistas que escreviam igualmente nos jornais do ódio, como *Je Suis Partout* ou *Le Pilori*, subvencionados pelos alemães, mas que vendiam bem.

Um ressentimento mais difuso voltou-se igualmente contra aqueles que, principalmente no cinema, conheceram seu momento de glória sob a Paris-Alemã, como Clouzot.

Porém as verdadeiras violências, as execuções sumárias, foram as cometidas ali onde, coordenadas com os alemães, as milícias de

Darnand acuaram a Resistência, como no platô das Glières. Durante algumas semanas de agosto-setembro de 1944, quando a Wehrmacht recuou para o norte — cometendo os horrores que sabemos, entre outros em Tulle ou Oradour —, a fúria se desencadeou contra aqueles que colaboraram ou denunciaram patriotas às autoridades.

Em Palmiers, por exemplo, liberada em 18 de agosto de 1944 após a partida dos alemães, 162 prisões ocorreram nos primeiros cinco dias. Um tribunal do povo improvisado procedeu a 26 condenações à morte, o número de executados subindo para 42 no fim do mês de agosto. Dessa forma, segundo uma testemunha, deu-se uma eclosão de ódios, vinditas, vinganças, "execuções justificadas". Um outro disse a um oficial FFI (Forças Francesas no exterior) "que nunca pensaria que atrocidades como aquelas fossem possíveis na França".[17]

Uma das formas mais odiosas desse ressentimento foi, na França, o destino reservado às mulheres que se relacionaram com alemães. Foram tonsuradas em público, pois encarnavam a dupla derrota do macho francês, em detrimento de quem haviam preferido o vencedor. Inversamente, nenhum opróbrio atingiu os prisioneiros franceses, que, do outro lado do Reno, agiram da mesma forma com as alemãs — consideravam isso uma espécie de revanche?

Muitas vezes, foi o medo sentido durante meses, durante anos, que transformou, por ressentimento, pessoas como vocês e eu em bestas ferozes.

O ressentimento não tem pátria.

[17] Pierre Laborie.

CAPÍTULO 3

A memória nacional: acervo de ressentimentos

Conhecemos a invectiva lançada por Clemenceau a Jules Ferry após a derrota da França diante da Prússia em 1870, quando ela se regozijava com a anexação do Vietnã e da Tunísia: "Perdi dois filhos — a Alsácia e a Lorena — e o senhor me oferece dois criados."

O aspecto pejorativo dessa comparação, aviltante para os colonizados e indigno do país dos Direitos do Homem, foi mais do que ressaltado. Mas enxergou-se o que há de novo em identificar duas províncias a dois filhos?

Nunca anteriormente, no tempo das guerras dinásticas, perdas e ganhos de território eram considerados dessa forma, como traumas: sob Luís XVI ou sob Luís XV, a Savoia era trocada por Milão, a Lorena pela Holanda.

A eclosão das nacionalidades, observou o historiador Albert Sorel, autor de *A Europa e a Revolução Francesa*, provocou mais guerras do que as ambições dos reis.

> A ganância das nações é mais ávida, seus triunfos mais glaciais, seu desdém mais insultante que o dos príncipes. Ao mesmo tempo, geram ressentimentos mais amargos e mais duradouros. O homem não é mais atingido em seu princípio abstrato, o Estado ou a realeza, é atingido em seu sangue e em sua raça. As paixões que antigamente

agitavam apenas alguns indivíduos ganham a massa do povo e se tornam tanto mais terríveis quanto mais limitados os espíritos de que elas se apoderam.

Encontramos essas paixões em diversas sociedades que viveram os sobressaltos da História, da Sérvia a Ruanda, do Québec à Coreia. Neste ensaio, somos obrigados a nos limitar ao exame dos casos mais extremos, por sua radicalidade ou duração.

O caso da Polônia — "alma à procura de um corpo", escreveu Lorde Acton em 1862, data em que ela não possuía mais território, dividido entre a Prússia, a Rússia e o império Habsburgo — forneceu, assim, o exemplo extremo de nação privada de seu Estado, em virtude da cupidez dos vizinhos. Pela primeira vez se ouviu dizer que a solução dos Estados era injusta, um povo não devia ser privado da possibilidade de constituir comunidade independente.

O passado dos poloneses, como eles o representam, exprime rigorosamente a profundidade de seu ressentimento.

Um ressentimento sempre em carne viva: a Polônia

"A Polônia não morrerá enquanto nós vivermos": que outro povo incluiria esta frase em seu Hino Nacional? Cinco vezes vítima da divisão de seu país pelos vizinhos, em 1772, 1793, 1795, 1815 e depois em 1939, extinto como cidadão de um Estado soberano durante mais de um século, de 1815 a 1918, o polonês mostra constantemente suas cicatrizes, as de sua história, ao estrangeiro.

Teria merecido esse castigo? Ou seria vítima de um crime

permanente, de uma injustiça da História? Essas perguntas atormentam sua consciência pesada. A cristandade católica não tem realmente noção de sua dívida para com a Polônia. E essa ingratidão não cessou de alimentar e reavivar o seu ressentimento.

Sim, pensam os poloneses, por seu heroísmo e seus sofrimentos passados, merecem um reconhecimento que até hoje ninguém lhes manifestou.

A Polônia salvou a Europa quatro vezes. Que os leitores julguem.

1683. "Aqui estamos no Danúbio a nos lamentar pela perda de nossos cavalos e pela ingratidão daqueles que salvamos." Essa reflexão de Jean Sobieski, rei da Polônia, em homenagem a seu exército que acabara de libertar Viena do ataque de Kara Mustafá, grão-vizir dos otomanos, exprimiu de maneira premonitória o ressentimento dos poloneses, que, pela primeira vez, salvaram o Ocidente ameaçado pelos turcos.

Desde então, a memória histórica reteve na Polônia, independentemente das tragédias que foram as divisões de seu território, outros momentos heroicos em que ela salvou o Ocidente.

A segunda vez, em 1920, a Polônia julgou que salvara a Europa, mas dessa vez do bolchevismo. O congresso do Komintern anunciava então, pela boca de Zinoviev, a marcha inexorável da revolução e o triunfo dos exércitos de Lênin e Trotski. Mas o milagre aconteceu e os exércitos de Pilsudski rechaçaram a ofensiva diante de Varsóvia.

Na verdade, desde a independência recuperada em outubro de 1918, participando da intervenção estrangeira contra o regime soviético, os exércitos poloneses superaram grandes dificuldades, capturando Minsk e a Bielorrússia numa primeira fase, antes de entrar na Ucrânia, onde, em princípio deviam dar a mão aos Brancos, eles próprios às voltas com nacionalistas ucranianos. Ora, os Brancos não tinham simpatia nem pelos poloneses nem pelos ucranianos, ao passo que os ucranianos ainda preferiam os Vermelhos aos Brancos e aos poloneses. Nesse contexto, Lênin julgou que a questão não era mais saber se os exércitos soviéticos entrariam na Polônia após terem vencido os Brancos e os nacionalistas ucranianos, mas quando e como.

Descontentes com uma arbitragem internacional, a cargo de lorde Curzon, que delimitava a fronteira oriental da Polônia deixando-lhe a região de Bialystok, mas não a parte norte da Suváquia habitada por lituanos, Pilsudski, marchou sobre Kiev. Mas uma forte contraofensiva soviética empurrou-o de volta até Varsóvia, onde, aconselhado pelo general Weygand, Pilsudski deteve os bolcheviques, para grande desilusão de Lênin. Ele agora constatava que Radek tivera razão ao desaconselhá-lo a entrar na Polônia, argumentando que "os operários em Varsóvia veriam nas forças bolcheviques não revolucionários, mas russos".

Essa campanha pôs fim à expansão do comunismo na Europa central. Os governos dos países ocidentais ficaram aliviados. Ao menos manifestaram gratidão?

Reencontramos essa ingratidão no início da Segunda Guerra Mundial, depois que a Polônia foi desmembrada em 1939. A memória histórica pouco evoca essa outra contribuição da Polônia à defesa da liberdade, no caso o papel que seus exércitos, que escaparam ao desastre, desempenharam ao lado dos aliados. Primeiro, durante a batalha da Inglaterra, quando o 303º Esquadrão Aéreo abateu um grande número de aviões da Luftwaffe; enquanto as forças polonesas "livres" formavam os contingentes mais bem-nutridos de todos os países que a Alemanha vencera. Aliás, foi apoiando-se nessa constatação que o general Sikorski elaborou em Londres, durante o outono de 1940, um plano de reorganização da Europa central para o pós-guerra, sob a égide da Polônia.

Um ano mais tarde, quando a Alemanha invadiu a Rússia, a Polônia tornou-se aliada dos russos, que ocuparam a metade oriental do país segundo os termos do Pacto Germano-Soviético. Stálin libertou os prisioneiros poloneses internados em campos (ignorava-se nessa data o massacre em Katyn de 4.242 oficiais poloneses cometido por Beria com o beneplácito de Stálin) e começou para eles a extraordinária "Anábase"[1] que os levou dos campos da Sibéria ao Irã depois ao Egito para lá combater ao lado dos ingleses. Logo 50 mil deles participaram da campanha da Itália, destacando-se sobretudo na batalha de Monte Cassino. Em sua ordem do dia, o general Anders, o comandante, exprimiu seu violento ressentimento contra o ocupante alemão: "Soldados, chegou a hora do combate. *Esperamos* o instante da *vingança* e do castigo de nosso inimigo hereditário".

> [Em Monte Cassino] os poloneses como que possessos berravam todo tipo de invectivas a respeito dos alemães, às vezes recusando-se a se proteger ou ser evacuados em caso de ferimento. Num dia, um batalhão dos Cárpatos viu-se reduzido a um punhado de soldados.[2]

[1] *Anábase*, livro de Xenofonte, que significa Expedição no Interior, narra a retirada dos Dez Mil, comandada pelo autor, no século IV, após a expedição contra Artaxerxes. (N. do E.)

[2] Notin, p.366.

Espetando uma insígnia da Ordem do Banho[3] no peito do general Anders em nome de Jorge VI, o general Alexander declarou: "Soldados do 2º Corpo polonês, se eu pudesse escolher os soldados que gostaria de ter sob minhas ordens, eu escolheria vocês, poloneses".

Ora, dessa batalha haviam participado também ingleses, americanos, franceses e italianos.

Simultaneamente, durante esse mesmo verão de 1944, e pela terceira vez, os poloneses julgaram que salvaram a Europa, a Europa ocidental, dos exércitos soviéticos. Foi a insurreição de Varsóvia, em julho, que segundo eles, segurando no lugar a Wehrmacht, atrasou a progressão dos russos — estes, a propósito, recusaram-se a socorrer os insurgentes. Esse drama, evocado por Andrzej Wajda em *Kanal*, tem sua origem na desconfiança recíproca do governo polonês emigrado em Londres e daquele que os soviéticos constituíram em Lublin. À aproximação das tropas russas, os emigrados sufocaram um motim a fim de garantir sua soberania sobre a cidade assim que ela fosse libertada; o de Lublin, controlado pelos russos, alegou sua incapacidade de socorrer os insurgentes, quando na verdade pretendia instituir seu próprio poder em Varsóvia, uma vez esmagadas as forças de seu rival.

Sejam quais forem os dados acerca desse episódio, ele exacerbou o ódio dos poloneses contra os russos, mas efetivamente atrasou o avanço deles ao deter a Wehrmacht, o que permitiu aos anglo-americanos consolidar a zona da França livre e, mais tarde, alcançar o Reno.

[3] Ordem do Banho (Bath): ordem de cavalaria inglesa criada por Jorge I em 1725.

À guisa de agradecimento por essa batalha, os poloneses de Londres viram, meses mais tarde, Churchill e Roosevelt abandonarem a causa da Polônia livre, a que permanecera e combatera ao lado deles.

Os motivos dessas recriminações decerto não são muito claros, com os dirigentes poloneses tendo manifestado nas negociações interaliados uma intransigência que Churchill julgou suicida. Contudo o rancor dos poloneses estava vivo, até naqueles que não eram favoráveis ao governo emigrado de Londres. Mais sensíveis à perda dos territórios orientais — no fim das contas mais bielorrussos ou ucranianos do que poloneses — do que à restituição como compensação da Posnânia, conquistada anteriormente pela Prússia, os poloneses tiveram acima de tudo, um ano mais tarde, a impressão de perder outra vez a sua independência ao se tornarem uma democracia popular, um satélite da Rússia soviética.

Logo depois da guerra, o ressentimento dos poloneses contra os carrascos alemães era extremo — "não ter o mesmo destino da Polônia", repetiam Pétain e Lavan para justificar sua política de colaboração. E Mussolini, indignado, exprimia-se da mesma forma para censurar o comportamento dos alemães na Itália: "Eles nos tratam como poloneses".

Sob a ocupação alemã, nenhum país conheceu a sorte trágica da Polônia, a não ser talvez a Bielorrússia. De fato, foram cerca de 5 milhões de poloneses, entre eles 2,7 milhões de judeus, vítimas dos alemães: 10% deles morreram empunhando armas. Paralelamente, as regiões do Ocidente estavam despolononizadas, suas elites, massacradas.

O ressentimento contra a URSS e o regime instaurado por Moscou ofuscou o que o polonês fomentava contra o alemão. As execuções em massa cometidas em Katyn, o fato de havê-las negado, depois ter montado a operação das vítimas de Katyn, foi o que suscitou toda uma literatura sobre o assassinato da Polônia pela URSS e o regime comunista. Foi uma das manipulações mais incríveis da História.

Ao negar a execução desses 4.500 oficiais poloneses, os soviéticos puseram o foco nos crimes cometidos pelos alemães em Khatin, jogando com a similitude dos nomes, esse lugarejo não sendo muito distante de Katyn. Chegaram ao ponto de levar os representantes do governo de Varsóvia, depois da guerra, para prestarem homenagem às vítimas dos alemães de Khatin, continuando a negar serem responsáveis pelas de Katyn.

Foi apenas na época de Gorbatchev que os russos revelaram a verdade. "Cometemos um erro", reconhecera anteriormente Beria.

Esse "assassinato da Polônia" é tanto mais crível na medida em que antes de 1939, para poder eventualmente negociar com Hitler, Stálin liquidou o Partido Comunista Polonês. Para alguns, 2,7 milhões de poloneses teriam dessa forma sido vítimas do comunismo soviético entre 1918 e 1945. Uma cifra que — será uma coincidência? — corresponde ao total das vítimas judias, contabilizadas à parte, como se os judeus não tivessem feito parte do Estado polonês. À luz de trabalhos recentes, a partir de estatísticas cruzadas, soviéticas e polonesas, o número dessas vítimas dos soviéticos superaria, em todo caso, 720 mil pessoas.[4]

Mas a memória histórica dos poloneses logo se orgulhou do combate heroico do Solidariedade, que julgam estar na origem

[4] Gurjanov.

da decomposição dos regimes da Europa Oriental e da queda do comunismo na URSS, salvando mais uma vez a Europa cristã da ameaça comunista.

Assim, o ressentimento dos poloneses não cessou de estimular uma criatividade na estratégia política de libertação em relação à URSS que resultou num sucesso irreversível. Seu mérito cabe ao Solidariedade, que obteve uma vitória que ninguém julgava a seu alcance. Só podemos apreciá-lo comparando a ação desse sindicato à dos dirigentes de outras democracias populares, cujos esforços eram análogos mas que resultaram em dramas: Budapeste em 1956 e Praga em 1968.

Mais uma vez "o destino da Europa foi decidido na Polônia".[5]

Nesse país onde a hostilidade aos russos e ao stalinismo forma uma mistura explosiva, dois militantes comunistas, Jacek e Karol Modzelewski, lideraram, a partir de 1964, uma corrente oposicionista autônoma, que encontrou amplo eco numa sociedade que se isola cada vez mais de suas instituições, à exceção da Igreja. Em 1970, uma alta brutal dos preços desencadeou manifestações operárias gigantescas às portas do Báltico. As greves se multiplicaram e se renovaram, cada vez mais poderosas e cada vez com mais adesões. Em 1980, o clímax: como resultado das greves de Gdansk, o regime teve de aceitar a existência de um sindicato independente, o *Solidarnocz* (Solidariedade), cujo crescimento foi fulminante e logo abrangeu todo o país. O sindicato livre tomou assim o lugar da Igreja, com a qual concordava, para tornar-se o interlocutor privilegiado do partido. Um operário, Lech Walesa, foi eleito seu presidente, o KOR de Kuron e de Modzelewski era seu cérebro.

[5] Pomian.

A revolução polonesa abriu uma brecha no sistema fechado dos regimes comunistas. Essa brecha era mais profunda do que todas as rachaduras abertas e fechadas até esse dia, em Budapeste em 1956 ou em Praga em 1968.

Pois em Praga, em 1968, diante do descontentamento geral e da derrocada do regime, a iniciativa de mudança emanara do próprio Partido Comunista, que sentira a necessidade de se reformar e tomar a iniciativa do movimento, salvaguardando de certa forma a legitimidade do sistema. De fato, com doze anos de atraso em relação à Budapeste, ele retomava o tom de Nagy, o primeiro a falar "de um comunismo que não esqueça o homem". Todavia, a diferença entre 1968 e 1956 era que em 1956, em Budapeste, a esse movimento vindo de cima juntara-se espontaneamente um movimento vindo de baixo, particularmente poderoso. Essa irrupção de um segundo núcleo revolucionário desamparara Nagy, incapaz de imaginar que a legitimidade do poder pudesse brotar de outra fonte a não ser do partido e apenas dele. Assim paralisado, não soubera nem se levantar contra o exército soviético nem, naturalmente, confraternizar com o ocupante.

Na Polônia, nos anos 1980-82 — e esta é uma diferença essencial em relação à Budapeste, Poznan ou Praga —, o movimento nada devia ao partido, enraizara-se totalmente no segundo núcleo, nascido em 1964, mas que desde então foi de certa forma regenerado. Depois da repressão de Praga e sobretudo do descumprimento de uma segunda promessa de distensão por Gierek dois anos depois, as ilusões dos poloneses quanto a uma hipotética reforma vinda de cima estavam mortas, como as vítimas da repressão em 1970.

O que aconteceu então na Polônia?

Como na URSS, os sindicatos eram subordinados ao partido. Assim, o Poup (PC polonês) fez triunfar sua concepção soviética de sindicatos neutralizados, depois subverteu suas funções e atividades tradicionais (defesa dos trabalhadores, organização de greves etc.), transformando-as em órgãos de cogestão do Plano e correias de transmissão do poder.

Para começar, os poloneses soltaram a correia. A direção do sindicato livre não era mais nomeada pelo partido. Em seguida, elegeram pessoalmente seus delegados, instituíram suas próprias formas organizacionais, negaram enfim toda dependência em relação ao partido. Assim nasceu o Solidariedade, sobre os escombros da antiga central sindical, que morreu de pé.

Desse modo, os poloneses foram mais longe que os conselhos operários húngaros, cuja criação fora em parte suscitada pela direção dos sindicatos, isto é, dos sindicatos domesticados pelo partido.

No plano da competência, o Solidariedade não visava, à maneira dos comitês de fábrica de outros tempos na Rússia ou, mais recentemente, na Hungria, instituir uma forma qualquer de autogestão ou de cogestão das empresas. O Solidariedade tendia a uma expansão vertical de sua competência: sem se apresentar como contrapoder, seus membros questionavam certos aspectos do funcionamento do Estado, sua Justiça, sua polícia, seu controle da informação sobre tudo etc. De certa forma substituto da Igreja, até mesmo dos intelectuais, o Solidariedade levava em conta as reivindicações da sociedade global. Horizontalmente, o Solidariedade estendia sua competência a outros sindicatos livres em vias de formação.

O reconhecimento do direito dos pequenos camponeses de constituir um sindicato, e não apenas uma associação, atestou o lento desmantelamento não apenas de todo um sistema, mas de seus fundamentos teóricos. Estes se corroeram camada por camada, uma vez que — já desde Gomulka no fim dos anos 1950 e nos anos 1960 —, o princípio da coletivização forçada fora abandonado. Daí a reação do poder, que via toda a sociedade civil lhe escapar. Foi o golpe de força do general Jaruzelski que determinou a prisão de todos os dirigentes do Solidariedade em 1981.

A derrota de Walesa e do Solidariedade era para o general Jaruzelski uma vitória de Pirro, pois ele não contava com nenhum apoio no país. Para a URSS e o sistema que ela materializava, os acontecimentos da Polônia constituíam o questionamento mais grave desde 1917. Em Varsóvia, o partido perdera seu poder real e simbólico, e, em seu nome, tinha sido o Exército que tomara o bastão.

Esse golpe marcava o fim de uma época. Os soviéticos nada faziam para restabelecer o partido em sua autoridade, nem para encorajar ou frear as medidas repressivas implementadas pelo general Jaruzelski. Assim como não intervieram na Hungria para pôr termo à emancipação furtiva da economia húngara das coerções do sistema soviético. A derrocada econômica e política do sistema, na Europa central, intervinha à sua maneira — ao lado da guerra do Afeganistão e das apostas da política de armamento — para exigir uma política inteiramente nova na URSS.

Ela foi personificada por Gorbatchev, que operou uma ruptura radical com o passado.

No início, essa ruptura se deu a pequenos passos: primeiramente econômica, mas fracassou, e depois política.

Embora tenha se julgado na época que Gorbatchev apoiava Dubcek e a Primavera de Praga, na verdade ele repetia alguns dos procedimentos do Solidariedade: por exemplo, libertava os sovietes locais, isto é, as municipalidades, de seus vínculos com o partido, depois autonomizava a ação dos sindicatos, abordava o problema do papel dirigente do partido etc.

A imitação da experiência polonesa foi efetivamente um dos caminhos do reformador soviético. O jornal *Kommunist*, de Moscou, escreveu que "a experiência polonesa revestia-se de significação não apenas para a Polônia mas também para os outros países". "Ela é um laboratório e um exemplo também para a URSS", chegou a dizer Gorbatchev a Jaruzelski, segundo depoimento ao historiador Jacques Levesque. Mas, acima de tudo, foi de fato a desestabilização do regime polonês, graças ao Solidariedade, que fragilizou o sistema dos satélites, compelindo o regime soviético a aceitar estas mudanças. Gorbatchev coordenou as etapas da Perestroika com as da emancipação dessas democracias, de maneira que as mudanças internas na URSS deixaram de parecer fictícias, como repetiam os arautos da vulgata antissoviética no Ocidente.

Depois de 1989, o fim do regime soviético e a queda do Muro de Berlim permitiram aos poloneses considerar legitimamente que foi sua luta a que mais contribuiu para essa autêntica revolução.

E que a Europa lhes devia gratidão. Ora, foi Gorbatchev que a Europa, incluindo a Alemanha, festejou... O que gerava um profundo ressentimento contra a Europa.

A França, primogênita da Igreja, escaparia a esse ressentimento? Os poloneses precisariam ter a memória curta... Pois bem...

Por três vezes, ela foi a aliada e o tutor privilegiado da Polônia. No início do século XVIII, o casamento de Luís XV com a filha de

Estanislau Leszczynski protegeu esse país católico da ameaça otomana e da Prússia protestante. Em seguida, depois das três divisões de 1772, 1793 e 1795, entre Prússia, Rússia e Áustria, Napoleão restabeleceu o grande ducado de Varsóvia, extinto em 1815. Por fim, logo depois da Primeira Guerra Mundial, por iniciativa da França, uma grande Polônia foi restaurada.

Mas quantas outras vezes não foi abandonada?

Em 1830, os poloneses se amotinam pela primeira vez contra os russos e em seguida "a ordem reina em Varsóvia". Lamennais atacou a covardia do rei da França: "Que aqueles que morreram na ilusão da liberdade repousem em paz no túmulo que o crime de uns e a covardia dos outros cavaram para ti. Sobre este túmulo, há uma cruz que diz: renascerás".

1848. Novamente a Polônia se amotinou, e em 1846 inaugurou-se "a primavera dos povos". "O nome da Polônia é mágico e levanta o povo de Paris", dizia Blanqui. Queria dizer "opressão de uma raça humana e vingança da tirania", acrescentava Lamartine...

Inflamados, os clubes prepararam uma petição. Mas a Assembleia Constituinte respondeu, em 12 de maio, com um decreto proibindo trazerem a petição à sala. Em 15 de maio, reunida na Bastilha, a multidão se pôs em marcha, transpôs as barricadas, e invadiu a Assembleia, onde Barbès lia a petição. Pedia-se a partida de um exército para a Polônia, um imposto de um bilhão sobre os ricos, o envio do exército para fora de Paris... Era o tumulto.

"A Assembleia está dissolvida", gritou um orador. Julgando-a dissolvida, os manifestantes foram até a Prefeitura para lá instituir outro governo. Mas na Assembleia a aglomeração não se desfez e a Guarda Nacional chegou. Prendeu imediatamente Barbès, Louis Blanc, Blanqui, condenados à prisão perpétua...

"O povo ficou atônito", comentou Lamartine.

Quanto à Polônia, fora completamente esquecida...

Por ocasião de um novo levante dos poloneses em 1863, Napoleão III deu provas da mesma passividade, com o apoio à Polônia verificando-se incompatível com formação de uma aliança franco-russa, que se deu apenas sob a III República, em 1891. A aliança era vergonhosa para os republicanos, com um czar autocrata. Haviam gritado "Viva a Polônia", durante a visita de Alexandre III a Paris. A aliança funcionou bem em 1914 e foi confirmada em janeiro de 1917 com a implantação do projeto de ofensivas coordenadas para a primavera: mais uma vez, era a República que abandonava a Polônia à boa vontade do czar da Rússia e aos imperativos da guerra.

Embora uma ajuda de fato tenha sido prestada a Varsóvia após a ressurreição da Polônia em 1919, seu abandono em setembro de 1939, durante a *drôle de guerre*, constituiu um dos episódios mais vergonhosos da história francesa. Os restos do exército polonês destruído pela Wehrmacht esperaram em vão um ataque que Gamelin não ousou lançar. Hitler julgava que a França estava paralisada diante da ideia de ir à guerra, mas não a imaginava passiva a esse ponto. Na verdade, em 1939, ela seguira a Inglaterra, que garantira as fronteiras polonesas e declarara guerra à Alemanha, que invadiu sua vizinha oriental. Quatro anos mais tarde, durante sua viagem a Moscou, De Gaulle não conseguiu nada de Stálin: nem no que se referia ao regime que se instalaria em Varsóvia, nem quanto às novas fronteiras que o país teria a leste. Disse-lhe inclusive que talvez desistisse dela em troca da margem esquerda do Reno.

E, durante a colonização do Leste Europeu pelo regime comunista, Paris decerto reservou uma boa acolhida aos intelectuais poloneses emigrados, mas, no auge da crise de 1981, os mais altos ministros franceses admitiram que, "para ajudar a Polônia e o Solidariedade, naturalmente não se faria nada". Menos que isso até: em 1983, Claude Cheysson, ministro das Relações Exteriores de Mitterrand, encontrou-se com seu colega Czyrek, ministro de Jaruzelski, o que pareceu aos poloneses um novo abandono.

Mal a Polônia recuperara a liberdade, e já percebia a ingratidão da Europa. Assim como fora objeto de simpatia enquanto se tratava de derrubar o comunismo, agora foram invocados os desequilíbrios econômicos entre o Leste e o Ocidente para postergar sua integração à União Europeia.

Com o fim do regime soviético e a desintegração da URSS, o longo período de impotência pôde chegar ao fim e fazer renascerem os sonhos de ressurreição de retorno do domínio polonês na Europa central como antes de suas divisões no século XVIII, sonhos surgidos em agosto de 1940. Deslocadas para o oeste, as regiões reivindicadas a leste da linha Curzon pareciam definitivamente fora de alcance. Varsóvia manteve, entretanto, um olho sobre a Bielorrúsia e uma parte da Lituânia. Em seguida, a famosa "revolução laranja" em Kiev permitiu aos dirigentes poloneses recuperar influência na Ucrânia (como em 1920) e, mais que isso, enfraquecer a Rússia. Amigos poloneses também achavam-se presentes nos acontecimentos da Geórgia. A situação lembrava a da influência do Estado polonês-lituano no século XV, que se estendia de Poznan ao mar de Azov. Além disso, durante a entrada dos checos e húngaros na União Europeia, a Polônia pôde desempenhar um papel de líder junto a eles no questionamento das condições de adesão.

Fundamentalmente, para ter certeza de ser integrada ao Ocidente e impedir qualquer retorno ofensivo da Rússia, aderira preventivamente à Otan, pondo-se assim sob a proteção do guarda-chuva americano antes mesmo de a União Europeia aceitá-la em seu seio.

Afinal de contas, que gratidão a Polônia deveria exprimir a respeito da Europa?

Na verdade, ressentimento. Ela não lhe devia nada.

E para demonstrá-lo de uma vez por todas, enquanto o francês Chirac, o alemão Schröder e o russo Putin condenavam a intervenção americana no Iraque, foi a Polônia que enviou tropas a Bagdá a pedido de George W. Bush.

Um ressentimento caleidoscópico: a Áustria

Vocês viram *1st April 2000*, filme austríaco de Liebeneier? É de 1950. É um filme de ficção científica que se apresenta como comédia política. Começa com a aterrissagem, em 2000, de uma aeronave vinda não se sabe de onde. Dela desce uma delegação que representa a Assembleia do Universo. A seu pedido, ela vem julgar o povo austríaco por todo tipo de deslizes de que é acusado... Esse filme traduz o mal-estar reinante nesse país na época. Exprime o ressentimento de uma nação contra aqueles que a levavam a questionar seu comportamento.

Ora, se o austríaco olha para o seu passado, seja para que época for, o espelho reflete sempre sua condenação pelas outras nações, uma ferida que dói desde que a Áustria se tornou um pequeno país.

Hoje, nesse filme — em 1950 —, de que acusam os austríacos?

De bancarem os amnésicos e as vítimas de guerras sem proceder a qualquer desnazificação — que começou na Alemanha —, quando o país participou plenamente das hostilidades, sem ostentar um único desertor. Ora, quem fala de guerra fala também de extermínio, sobretudo na Iugoslávia. Depois do *Anschluss* de 1938, houve um expurgo em Viena, em seguida 90% dos judeus foram exterminados, proporcionalmente mais que judeus alemães.

Mas por que os austríacos se sentiriam culpados quando as potências vitoriosas julgaram que, em 1938, por ocasião do *Anschluss*, a independência da Áustria fora violada? Os aliados até evocaram isso em 1943, numa declaração tripartite que determinava a restauração da independência do país, que, em decorrência disso, pediu reparações em 1945. E a Áustria figurou nas contas do Plano Marshall.

Na verdade, as razões dos aliados estavam no cerne do que julgavam ser sua *real politik*. Tanto Roosevelt como Churchill ruminaram a ideia segundo a qual o nazismo se enraizara mais ou menos no passado prussiano da Alemanha. Desmantelá-la formando uma confederação do Sul compreendendo a Áustria, a Baviera e o Wurtemberg permitiria neutralizar a Alemanha prussiana, a do Norte. Daí o interesse de ressuscitar a Áustria, acerca da qual sempre se considerou que fora anexada ao III Reich contra o direito das nações. Em 1945, em Potsdam, as potências puderam dizer que haviam "restaurado o direito".

Claro, em 1950 todos sabem perfeitamente que aconteceu de outra forma, como sabem também que 99% dos austríacos aprovaram o *Anschluss* e deram uma acolhida histérica a Hitler. Mas agora, como os aliados, os austríacos queriam ignorar isso. Entretanto, isso não enganava nem as vítimas do terror nazista nem uma parte dos próprios austríacos. Esses austríacos sabem perfeitamente que há uma impostura naquilo tudo.

Por um lapso significativo, *1st April 2000* o manifesta: nesse país que se aliou a um regime racista, afastam-se da delegação que vem julgar a Áustria e avançam um negro e um semita, ou, o mínimo que podemos dizer, dois indivíduos não arianos.

O Tribunal do Universo a inocenta de erros imaginários. Então a Áustria perdoa também o resto do mundo por tê-la compreendido mal.

Imediatamente, a cena se abre na tela e num palácio suntuoso, ao fundo uma valsa de Strauss, dezenas de casais de smoking e vestido de baile se projetam.

Seriam os "bons velhos tempos" dos Habsburgo que estavam de volta?

Não, precisamos lembrar outra humilhação, mais antiga.

1919. Uma caricatura no *Kladder Deutsche* apresenta a Áustria sob a forma de uma jovem mulher vestida de branco da qual três personagens sinistros e gozadores — Clemenceau, Lloyd Geroge e Wilson — acabam de cortar a cabeça. Com seu elegante pezinho branco, ela se esforçava para arrastar um projétil, a paz. Procurava em vão seu caminho. Sobre sua cabeça que jaz por terra, uma marca na testa indica "Deutsche" ("alemã").

Lembremos os fatos. A derrota de 1918 levou à explosão da dupla monarquia, a do imperador da Áustria, rei da Hungria, pelos termos do Tratado de Saint-Germain. Aplicando às vítimas dos Estados vencidos o princípio do direito dos povos de dispor de si mesmos, os vencedores faziam nascer às suas custas a Checoslováquia, a

Iugoslávia e ressuscitavam a Polônia. Não aplicando esse direito aos Estados vencidos, recusavam aos alemães do antigo Império, isto é, essencialmente os austríacos, a possibilidade de se vincularem à Alemanha, a despeito de uma votação no Parlamento de Viena a favor desse *Anschluss*, pois ele teria feito da Alemanha vencida um Estado mais poderoso que o de 1914 — coisas da geopolítica...

Entretanto, imaginemos a cólera e o trauma sentidos pelos austríacos, ontem senhores e dominadores de um vasto império de 50 milhões de habitantes, agora espremidos num pequeno território montanhoso. Um país-tronco de 83 mil quilômetros quadrados, ao passo que suas antigas dependências, Hungria, Checoslováquia etc., constituíam Estados ao mesmo tempo independentes, mais vastos e com um futuro econômico promissor.

Com seu enorme capital, o Estado mutilado não demorou a conhecer uma crise econômica e conflitos políticos. O rancor diante de um *Anschluss* não autorizado aumentava, e choques entre os partidos democrata-cristãos e socialistas exacerbavam-se, enquanto crescia, paralelamente à Alemanha, a atração pelo nazismo. O assassinato do chanceler Dollfuss que a refreava, e a derrota do chanceler Schuschnigg, que capitulou perante Hitler, permitiram esse *Anschluss* — aprovado por 99% dos austríacos e celebrado com uma recepção entusiasmada ao Führer. Antes mesmo que a nazificação se institucionalizasse, um massacre de judeus foi promovido em Viena, primeira manifestação explícita do ressentimento dos austríacos — anterior inclusive à Noite dos Cristais na Alemanha, essa explosão antissemita orquestrada por Goebbels e que deixou 91 mortos.

O chanceler Schuschnigg deixou um depoimento sobre a conversa que teve com o Führer logo antes do *Anschluss* e sobre sua própria prisão. Assim que transpôs a escadaria do Berhof de Berchtesgaden, Hitler desdenhou com um gesto da mão sua frase amável a propósito da vista magnífica que se tinha da grande vidraça do salão: "Sim, é aqui que amadurecem minhas ideias", disse-lhe Hitler, "mas não nos reunimos para falar da bela vista e do tempo que está fazendo." Em seguida, exaltou-se, conta Schuschnigg:

> A história inteira da Áustria não passa de um ato ininterrupto de traição de seus dirigentes ao seu povo. Isso é verdade para o passado, não o é menos para o presente. Esse paradoxo histórico durou muito tempo. Vai acabar. E eu lhe digo, senhor Schuschnigg, estou firmemente decidido a pôr um fim em tudo isso. Enveredei pelo caminho mais árduo jamais percorrido por um alemão. Espero que não tenha imaginado que pudesse me deter, nem que fosse por meia hora... Quem sabe, talvez um dia eu passe por Viena como uma tempestade de primavera...

Os fatos que emolduraram esse entrevero são conhecidos. Nem a Inglaterra nem a França levantaram o dedo para preservar a independência da Áustria; Mussolini teve de concordar, o Estado austríaco não tendo mais nem força nem vontade de se defender. Em seguida, sob a ameaça de intervenção armada, o chanceler Schuschnigg foi exonerado, o *Anschluss* da Áustria ao Reich proclamado e o Führer recebido com um dilúvio de aclamações em todo o país.

O Estado e o governo foram violados, mas a população externara sua alegria. Ela participou da guerra que se seguiu e tomou parte nos crimes de massa que foram cometidos.

"A história inteira da Áustria não passa de um ato ininterrupto de traição ao seu povo..."

Essa apreciação de Hitler, nunca antes assinalada, revela o ressentimento dele, alemão da Áustria, não apenas contra os social-democratas *a la* Renner, que, como Scheidemann na Alemanha, aceitaram os tratados de 1919, mas também seu rancor contra os Habsburgo. Não se tratava apenas do fato de, por motivos de ordem pessoal, Hitler ter-se engajado em 1914 no exército bávaro e não no exército austríaco (não respondera a uma convocação austríaca para o serviço militar). Essa rejeição partia de considerações mais vastas, partilhadas por um bom número de habitantes do Império.

Naturalmente, o poder e a maneira de governar dos Habsburgo eram questionados ao mesmo tempo por oponentes políticos e pelas nacionalidades subjugadas — checos, eslovenos etc. —, mas a fragmentação da dinastia e de Viena, sua capital, escondia um pouco as conexões entre os diferentes problemas. Ora, elas apareceram de forma brusca durante o jubileu de Francisco José — seus sessenta anos de reinado, em 1908 —, revelando o ressentimento de boa parte de seus súditos, antes mesmo da guerra, por suas derrotas e as consequências.

Durante três horas, como descreveu admiravelmente Brigitte Hamann, 12 mil pessoas desfilaram perante seu imperador, à frente os marechais trajando seus uniformes e usando chapéus de penacho. Vistosos, os homens da nobreza estavam reluzentes em soberbos uniformes, enquanto suas esposas vestiam elegantes toaletes de verão. Seguiram-se 19 grupos, apresentando um enredo com fantasias da Casa dos Habsburgo, desde a antiga fundação pelos cavaleiros do tempo de Maximiliano (1459-1519) até o Landsturm tirolês, corpo de voluntários que desafiou Napoleão. Em seguida, sucederam-se as nacionalidades, destacando cada um de seus traços étnicos e desfilando na ordem de sua integração à Casa de Habsburgo, à frente a Baixa Áustria, no fim a Dalmácia.

Comemoração esplendorosa, que confirmava o status de Viena, capital europeia da festa e da música, fervilhante cidade intelectual onde conviviam Gustav Mahler, Sigmund Freud e os austro-marxistas, Otto Bauer ou Karl Renner, que procuravam uma maneira de conciliar socialismo e nacionalidades.

Entretanto, quando conhecemos a forma como foi organizado esse jubileu e quando observamos seu desenrolar, constatamos que essa festa encerra, como que num microcosmo, todos os ingredientes de uma explosão que fermentava e faria o Império explodir.

Assim que o conselho municipal começou a organizar essas festividades, por proposta do prefeito social-alemão — isto é, hostil ao caráter multiétnico do Império — os social-democratas votaram contra a concessão de uma subvenção, explicando que o balanço do reino não legitimava aquelas despesas. Estava na memória de todos a dura repressão à insurreição em Viena em 1848, o apelo ao czar para que sufocasse o motim da Hungria, a derrota pessoal do soberano em Magenta, a dos exércitos imperiais em Sadowa e a execução de seu irmão Maximiliano no México.

Em seguida, fora lançado um apelo às empresas para que adquirissem os ingressos das tribunas, e os cristãos-sociais protestaram que uma grande loja judia, Gerngros, estivesse incluída, "pois os judeus pouco se preocupavam com o imperador e só pensavam em dinheiro". Essa manifestação de antissemitismo não era isolada, o que assustou Gustav Mahlaer e Sigmund Freud, que, excluído dos meios nacionalistas alemães que ele defendia, passou a colocar todo seu gênio a serviço da exploração psicológica.

Houve mais, protestou-se contra uma excessiva presença da alta nobreza à frente do cortejo, o que ressaltava sua opulência, mas foi explicado que "pelo menos aquilo não custava nada". Essas observações emanavam da média burguesia, então em plena expansão. Ela sabia muito bem que o monarca não aturava a onipresença da alta nobreza que pouco contribuía para o desenvolvimento econômico do país.

Em seguida, foram os representantes húngaros que declararam que, para eles, o verdadeiro aniversário não era o jubileu do imperador, mas a celebração no ano precedente dos quarenta anos do compromisso de 1867, que transformara o império da Áustria em Império Austro-Húngaro. Ora, os austríacos se abstiveram de participar das comemorações, ao passo que o imperador cometeu a afronta de recusar, nessa ocasião, as felicitações oriundas do estrangeiro. Os húngaros decidiram não participar do cortejo. Súditos do imperador-rei da Hungria queriam impedir que uma linha férrea direta fosse construída entre Viena e Zagreb, a Croácia fazendo parte de sua porção de império. Temiam que a Croácia, hostil a toda magiarização, se aproximasse assim de Viena: logo, para ir de Viena a Zagreb, seria preciso passar por Budapeste.

Quanto aos checos — que desejavam que Praga se tornasse uma terceira capital do Império, como Budapeste era a segunda —, pretendiam ir à Viena para apresentar o *Hamlet,* de Shakespeare, uma peça russa e outra checa, mas todas as três em checo. O prefeito Lüeger comunicou-lhes que aquela manifestação não era compatível com o caráter alemão da cidade de Viena. "Uma companhia teatral checa não pode se apresentar numa cidade alemã." Em resposta, os checos não participaram do jubileu.

Enfim, foi a vez dos italianos se indignarem. Como no caso dos checos — que na abertura do desfile eram lembrados pela derrota face a Rodolfo de Habsburgo —, no fim do cortejo os organizadores planejaram executar a marcha de Radetzky, hino de triunfo dos austríacos sobre os revolucionários italianos em 1848, em Custozza, sucesso renovado com sua segunda vitória em 1859, mais uma vez em Custozza.

A despeito de suas duas vitórias militares, a Áustria perdera a Lombardia, depois o Vêneto; os italianos esnobaram o imperador durante sua visita ao Scala de Milão em 1857, com os assinantes italianos cometendo a afronta de mandar os criados em seu lugar. O episódio foi reproduzido em um dos filmes da trilogia *Sissi*, do diretor austríaco Ernst Marischka (1955). Alguns anos mais tarde, Francisco José sentiu-se mais uma vez humilhado por não ter podido ajudar seu primo, o rei de Nápoles, contra "o bandido Garibaldi, as rapinas de Vítor Emanuel, a insolência daquela canalha de Paris".

No fundo satisfeitos que os húngaros não participassem do jubileu, os croatas quase se abstiveram igualmente, pois os quadros vivos imaginados em Viena os representavam como ladrões e saqueadores. Com desculpas, estes quadros foram retirados.

Por fim, um último incidente — na verdade um boato — sugeriu que os operários de Viena se preparavam para depredar as tribunas. De forma que milhares de ingressos não tiveram comprador, gerando um desastre financeiro logo constatado.

Mas o importante não era isso.

De repente, diante do espetáculo daqueles "compatriotas" desconhecidos — aqueles rutênios, aqueles romanos, aqueles croatas —, apresentados pelo jornal satírico *Simplissimus* como verdadeiros criminosos em andrajos, ou pelo menos como autênticos bárbaros, os vienenses tomaram consciência "de que não estavam mais em sua casa" e de que aquilo era um império multinacional. Ficaram apavorados.

Mas o mais importante ainda não era isso.

Para esse desfile, a Galícia enviara 2 mil pessoas em vez das mil esperadas. A Baixa Áustria enviara apenas 70 ou 80.

Em outras palavras, os alemães do Império retiraram-se da festa.

Assim traduzia-se brutalmente o divórcio entre os nacional-alemães representados pelo Partido Cristão Social de Lueger e Schönerer — ancestrais austríacos dos nacional-socialistas — de um lado; e, do outro, Francisco José com sua política das nacionalidades, na verdade frequentemente coagida e forçada. O imperador recusava-se a considerar os alemães como "o povo do Estado" e colocava à frente do governo tanto um húngaro, Andrassy, quanto um polonês, Goluchovski, ou até um alemão, mas liberal, como Beust.

Essa rejeição alemã exprimira-se no manifesto de Linz (1882) contra um imperador que era censurado ao mesmo tempo por Olmutz e Sadowa; que esquecia que desde 1848 flutuava em Viena a bandeira germânica vermelha, preta e ouro; e que havia sempre se recusado a apelar ao nacionalismo alemão com medo que ele substituísse a primazia dinástica, seu credo. A seus olhos, o único patriotismo legítimo era aquele que se exprimia em nome da dinastia...

Esses nacional-alemães da Áustria então olharam para a Prússia e sonharam com uma dominação germânica sem contrapeso eslavo nem nenhum outro, encontrando aliados objetivos (teriam dito os marxistas) no nacionalismo húngaro, que por sua vez desprezava "esses" eslavos, fossem eles húngaros ou eslovacos.

Quando em 1908, logo após o jubileu, Francisco José regozijou-se com o sucesso constituído pela anexação da Bósnia-Herzegovina, o pangermanismo de essência austríaca — que se voltou para o interior, ao passo que o pangermanismo prussiano-alemão o fez para o exterior — viu uma nova dose de não alemães conspurcar a germanidade do Império. Não tinha portanto a menor boa vontade com Francisco José, cujo único mérito a seu ver foi estreitar a aliança com Guilherme II.

Esse contexto demonstra o ódio dos alemães pangermanistas, aos quais Hitler aderiu antes de 1914, à Viena cosmopolita, à Áustria e sua política, "que fez tanto mal aos alemães".

O ressentimento dos alemães da Áustria já explodira quando os checos pretenderam impor sua língua aos alemães das províncias da Boêmia e da Morávia. Esses alemães foram denominados sudetos.

Voltaremos a encontrá-los em 1938.

Vestígio ou resistência desse passado? Em 1986, Kurt Waldheim, ex-nazista, foi eleito presidente da República. Em 1955, o partido neonazista de Jorg Haider participava do governo de coalizão, enquanto a Áustria aderira aos princípios democráticos da União Europeia. E os imigrantes eslovenos redescobriam a brutalidade do estilo da Áustria de antigamente. Subsiste disso uma nostalgia, principalmente de suas vitórias, por exemplo, sobre a Itália.

Há várias décadas, todos os anos a orquestra da Grande Ópera de Viena termina seu concerto de 31 de dezembro com a marcha de

Radetzky... Derradeira lembrança da derradeira vitória da Áustria: nostalgia ou ressentimento?

França-Inglaterra: entre irmãs siamesas

Se há, na França, um ressentimento latente, é contra os ingleses. Briga de família, briga sanguínea. É preciso lembrar que, afinal de contas, França e Inglaterra são mais do que irmãs gêmeas, são irmãs siamesas. Durante vários séculos, no tempo das lutas feudais, plantagenetas angevinos contra capetos francilianos, a identidade das duas nações não foi reivindicada. Foi do conflito dessas casas que nasceu em boa parte o patriotismo dos franceses e o dos ingleses.

Nessa época, quando o monarca de Londres atravessava a Mancha, dizia-se que ele ia fazer sua guerra. Os verdadeiros inimigos dos ingleses eram então os escoceses. O monarca e seus fidalgos falavam a mesma língua que as pessoas de Poitiers, uma de suas capitais, e ele bebia os vinhos de Bordeaux.

Foi com o que ficou conhecido desde então como "Guerra dos Cem Anos" — as derrotas das tropas de Valois em Crécy em 1346 e Azincourt em 1411, cuja lembrança perpetuou-se através dos dramas de Shakespeare — que o antagonismo mudou de natureza: tornou-se nacional, e logo foi encarnado por Joana d'Arc, que queria "enxotar os ingleses da França".

Na vida dos habitantes dos dois países, entretanto, a dissociação entre ambos precedera ou acompanhara esses momentos.

Do outro lado da Mancha, nas escolas, sentia-se com raiva a necessidade de fazer seus estudos em francês, ao passo que "os fidalgos o aprendem assim que podem falar e brincar com um chocalho". A língua anglo-saxã, a do povo, voltava a prevalecer e tornara-se a língua da Igreja com Wycliff, da literatura com Chaucer, da Justiça. Na Guyenne estava fora de questão impor o inglês aos gascões. Na Normandia aumentou a hostilidade contra aqueles que eram cada vez menos compreendidos. Uma ruptura simbólica, cultural, se deu no casamento de um Lancaster com Isabel da França: no jantar de gala, em 1399, os convidados não queriam ser servidos na mesma mesa: carne assada e cerveja para uns, carne grelhada e vinhos para os outros, "segundo o uso do nosso país", diziam.

A data de 1399 perpetua-se assim tanto quanto as de 1346, 1411 ou a aparição de Joana d'Arc.

O primeiro terreno de desavença foi assim o do "cada um em sua casa", como dizia o inglês Thomas Basin, ou o francês Jean de Montreuil, que julgava seu país invadido: "Eu os tenho (os ingleses) em tal abominação que amo aqueles que os odeiam e odeio os que os amam". No fim dessa guerra, o país sentiu-se como que libertado, com os ingleses, no entanto, conservando Calais e Dunquerque.

Se as questões religiosas se tornaram de fato oportunidade para novas — mas intermitentes — desavenças, em virtude das mudanças políticas por que passam os dois países durante o século XVI, o inimigo principal na França era então a Casa da Áustria ou a Espanha de Felipe II. A derrota sofrida pela Invencível Armada do rei da Espanha diante da rainha Elisabeth decerto consolou os franceses, mas ao mesmo tempo fez brotar neles a semente da inveja, pois se tratou da façanha de um país quatro vezes menos povoado e quatro vezes menor.

Foi, aliás, sob o ângulo religioso que se apresentou a rivalidade colonial dos dois países, como ficou posteriormente conhecida. Ao menos no Canadá, onde a França instalou colonos católicos para evitar a vinda dos protestantes, e na Acádia, onde se travou verdadeira guerra de religião. Certo, na Índia foi a anglofobia de Dupleix que, por volta de 1750, provocou o conflito. Mas "a perda das nossas colônias" tal como a apresenta a tradição histórica — ou seja, as derrotas francesas ante a Inglaterra — não era percebida dessa forma às vésperas da Revolução Francesa. Quando, no século XIX, a França ajudou os americanos a se emanciparem da Inglaterra, os ingleses sentiram essa perda como seu fracasso mais grave e doloroso, o que alimentou seu ressentimento contra a França.

De maneira que, na época da Revolução, e, mais tarde, de Napoleão, um ressentimento alimentou o outro e a rivalidade entre os dois países não parou mais de se exacerbar.

Esse "pequeno país" decolou economicamente depois da Restauração, pois sofreu menos que o continente com os conflitos religiosos ou as guerras, e a França ainda perdeu um milhão de habitantes durante a Revolução e o Império. A Inglaterra realizou sua revolução industrial antes da França, estando sempre na dianteira. Mais urbanizada, mais bem-aparelhada, suprimindo a economia de subsistência e abrindo-se ao *laisser-faire*, à mobilidade social, à expansão do mercado, sua decolagem econômica deixou para trás o resto da Europa: em 1850, metade da produção industrial do mundo era inglesa.

A partir de então, a Inglaterra conduziu a dança tanto com seus tecidos quanto com seus *steamboats* e suas *railways*, e com os financistas que reinavam na City - centro econômico de Londres. Porém, sua hegemonia logo se viu ameaçada pela Alemanha, o que a levou a uma reaproximação com a França a despeito da rivalidade colonial.

Efetiva dessa vez, ela se manifestou com nova humilhação para a França em Fachoda, no Sudão, onde sua guarnição foi obrigada a arriar o pavilhão perante os exércitos de Kitchener (1901). Em 1914-18, a aliança resistiu, com a ressalva de que depois da guerra a Inglaterra se opôs à tentação hegemônica dos franceses sobre a margem esquerda do Reno, atraindo seu ressentimento.

Vindo de longe, o ressentimento renovou a desconfiança entre dois países que, entretanto, deveriam se reaproximar diante de Hitler. Apenas Churchill tentou efetivamente restaurar a confiança entre os dois países. Mas a derrota francesa em junho de 1940 e depois a operação de Mers el-Kebir — "essa trágica necessidade" na qual os ingleses destruíram a frota francesa temendo que os alemães se apoderassem dela — minaram novamente a confiança, com De Gaulle sendo um dos raros a ousar, colérico, justificá-la.

Gratos mas amargos, os franceses deveriam tirar o chapéu para os ingleses: eles resistiram aos alemães tenazmente e sustentaram essa resistência até a implausível vitória final. Felizes mas um pouco invejosos, os franceses se associaram a eles durante a crise do canal de Suez. Os dois colonizadores, por uma vez solidários além-mar, sofreram então um fracasso humilhante, vítimas da aliança vergonhosa dos Estados Unidos e da URSS com Nasser. Isso quando antes, e precisamente além-mar, franceses e ingleses não cessaram de obter sucessos.

Assim, é paradoxal que tenha sido nos momentos mais sombrios de sua história — 1914-1918, 1939-1945, 1956, quando os dois países foram aliados — que a desconfiança dos franceses em relação aos ingleses foi mais viva e a francofobia na Inglaterra mais intensa: a leitura dos jornais comprova isso.

Na França, o ressentimento contra os ingleses se enraizou mais. Foi principalmente nos séculos XIX e XX que nasceram ou se reproduziram todos os estereótipos anti-ingleses avivados pela lembrança de Joana d'Arc e Napoleão.

No século XVIII, os franceses já acusavam os ingleses de guerrearem, graças a seu dinheiro, com o sangue dos outros. Acusação repetida em 1914-1918, quando na verdade os ingleses contabilizaram quase o mesmo número de mortos que os franceses, e não para salvar seu império, como se disse, mas também no Somme e em Flandres. Em *A grande ilusão*, os ingleses, prisioneiros, são vistos com raquetes de tênis — maneira de dizer que não eram autênticos soldados. Em *Alerta no Mediterrâneo*, realizado em 1938, os marinheiros franceses cantavam hinos anti-ingleses, e não antialemães. Os comandantes franceses do navio punham no mesmo plano ingleses e alemães, quando nessa data o inglês era o aliado e o alemão, o inimigo.

Uma vez declarada a guerra, o ressentimento de Pétain e de Weygand intensificou-se diante da má vontade dos ingleses para desembarcar um corpo expedicionário substancial e com sua recusa de utilizar a aviação. "Os ingleses nos abandonam", da mesma forma que os franceses abandonaram os poloneses durante a *drôle de guerre*. Em Dunquerque, os franceses queriam crer que os ingleses se safariam sozinhos, mas percebia-se que um bom terço dos resgatados era de franceses. Em suma, quando veio Mers el-Kebir, o ressentimento alimentou-se de todas as mágoas passadas.

Em 1946, após a guerra e diante da ameaça soviética, Churchill propôs, em Zurique, que os europeus se unissem. A França torceu o nariz: como um plano daqueles não foi proposto por ela... Isso resultou, com o Plano Monnet, no Plano Schuman.

Os ingleses então perceberam que os três arautos dessa nova Europa — Gasperi, Adenauer e Schuman — representavam países que, respectivamente, abraçaram o fascismo, o nazismo e o colaboracionismo.

Que os ingleses ditassem a moral, eis uma nova insolência que se somava às queixas passadas. Sua primazia se tornaria intolerável se não tivessem, depois da vitória de 1945, perdido parte de sua potência...

Após terem sido os soberanos do *business* e das *railways*, inventado o *football* e o *rugby*, o *lawn-tennis* e os *week-ends*, feito triunfar o *beefsteak*, o *rosbif*, os *Beatles* e o *rumsteak* — eles eram agora, mais uma vez, os primeiros a manifestar sinais de decadência...

Inveja ou ressentimento?

Alemanha-França: a alternância dos ressentimentos

"Há em todos os franceses ressentimento contra o estrangeiro", escreveu Benjamin Constant em seus *Diários íntimos*, em 1816. Isso não impedia os franceses de terem também "memória curta", dizia Pétain, em 1941. Seletiva na verdade, mas eram eles os únicos?

Comemorando inocentemente o tricentenário dos tratados da Westfália em 1948, o presidente Vincent Auriol esperava no máximo lembrar a reanexação da Alsácia à França e, se tanto, o fim da Guerra dos Trinta Anos.

Mesmo que nessa época ainda fosse vivo o ressentimento dos franceses contra a Alemanha, alimentado por um contencioso secular, não lhe passava pela cabeça reavivar o ressentimento dos alemães contra a França, nascido muito antes; mas quem tinha consciência disso na França?

Havia sido durante a Guerra dos Trinta Anos (1618-48) que a participação da França no conflito a fizera sair das rivalidades tradicionais entre "casas" para inaugurar um ressentimento de caráter nacional. A anexação de restos da Alsácia foi o ponto de partida de um litígio que não cessou de se agravar. A monarquia francesa apareceu então como uma "máquina de rapina" cuja principal vítima era a Alemanha. Após os três bispados, anexados em 1559, vieram Besançon, cidade livre do Império anexada em 1678, pedaços de Flandres, depois o "sequestro" de Estrasburgo, o conjunto contemporâneo dos campos de Louvois — adepto da tática da terra calcinada inaugurada no Palatino e cujos horrores superam os da Guerra dos Trinta Anos. Na Alemanha, chama-se *Nimmweg* a paz de Nimegue, isto é sequestro; *Reissweg* ou confisco ao tratado de Ryswick, em que ela mantinha Estrasburgo; e *Vertrag zu Unreecht*, ou "tratado da injustiça" ao de Utrecht (1713).

A França se tornou assim inimigo hereditário. Mas não se tinha consciência disso na corte de Versalhes, onde os tratados de Westfália eram desimportantes, já que a luta contra a Espanha ou a Inglaterra parecia prioritária e os alemães contavam pouco.

Ignorar e desdenhar a Alemanha aumentava assim o ressentimento. Pois a condescendência de Luís XIV a humilhou, ele que chegou a pensar em se tornar seu imperador, uma vez que a coroa era eletiva. A França enfraqueceu os povos alemães no momento em que eles se glorificavam por defender a cristandade contra a investida dos otomanos. O cerco de Viena datou de 1683.

Com a Revolução de 1789, pela primeira vez as duas sociedades se relacionaram, nem que fosse pela simpatia que se dispensaram reciprocamente os filósofos dos dois países, os do Iluminismo e os do *Aufklärung*: Klopstock, Hölderlin, Grimm, d'Holbach, Diderot.

Mas não existia situação revolucionária do outro lado do Reno. Na guerra que começou em 1792 — embora a batalha de Valmy constituísse efetivamente, segundo Goethe, "uma virada na História universal" para a Alemanha —, a guerra dita revolucionária transformou-se em nova ocupação por parte dos franceses, seguida de conquistas. Napoleão impôs uma verticalização, uma anexação, depois uma departamentalização da margem esquerda do Reno. Logo após, o ato do Recesso do Império em 1803 suprimiu os principados eclesiásticos, a maioria das cidades livres e pequenos Estados. Por fim, a criação da Confederação do Reno em 1806, "minha confederação", dizia Napoleão, em pouco tempo se estendeu até Elba. Com seus 130 departamentos, a França dominou a Westfália e a Baviera, que integrou ao seu território.

Ainda que aceitasse o Código Civil, a Alemanha sentiu-se humilhada, extorquida: Fichte a conclamou à revolta.

A Revolução Francesa não apenas perverteu seus princípios procedendo a conquistas, como pôs fim ao que subsistia da unidade do país. A prioridade era a reconstituição da unidade alemã, instalando-se em primeiro lugar no Reno. O ressentimento dos alemães se exprimiu na poesia de Heine, a quem respondeu Alfred de Musset: "Vocês não terão o seu Reno alemão."

Imperativo categórico, a unificação do país se consumou quando a Prússia a incluiu em seu programa, e quando Bismarck venceu sucessivamente o Império Austro-Húngaro e a França em 1866 e 1871. A Alemanha finalmente recuperou as províncias confiscadas com os tratados da Westfália.

Mas seu ressentimento ressuscitou quando a França recuperou a Alsácia-Lorena em 1918, o programa alemão de 1914 tendo previsto o retorno de Luxemburgo, do Franche-Comté, e de uma parte da Borgonha a fim de que o Reich recuperasse as fronteiras do Sacro Império da época de Sigismundo. Esses objetivos foram efetivamente os de Hitler e do nacional-socialismo, que, já por ocasião de sua vitória sobre a III República, reintegrou a Alsácia e a Lorena, esperando mais quando o Reich vencesse a Inglaterra e a URSS. Mas a História decidiu de outra forma.

Quanto ao ressentimento dos franceses, exprimiu-se contra a Prússia antes de se tornar antialemão. No século XVIII, o rei da Prússia foi quem apareceu marcado com os primeiros estigmas. Por ocasião da Guerra de Sucessão da Áustria, de 1740 a 1748, Luís XV foi aliado de Frederico II, que o abandonou uma vez anexada a Silésia. Segundo o ditado forjado na época, "a França lutou pelo rei da Prússia". Em seguida, encontramos esse monarca em todas as coalizões contra a França durante a Revolução e o Império, a despeito das compensações concedidas por Napoleão, em 1803-1805, para contrabalançar suas anexações. O ressentimento dos franceses aumentou diante da ajuda que a Prússia proporcionou à coalizão europeia por ocasião do retorno da campanha da Rússia, sobretudo na batalha de Leipzig. A Prússia despontou definitivamente como potência em ascensão que, com a Inglaterra, queria a ruína da França. Uma certa inveja alimentou o ressentimento contra o vizinho de além-Reno em virtude da fama de seus escritores, filósofos e artistas, quer se tratasse de Schiller ou Goethe, depois Hegel e compositores tais como Beethoven, Schuman, Brahms, Mendelssohn e, logo, Wagner. À guisa de reação, embora admirando Wagner, Claude

Debussy autointitulou-se "músico francês". Paralelamente, nas ciências, Koch fez concorrência a Pasteur e à Escola de Medicina de Paris.

Que durante a revolução de 1848 Bismarck denunciasse "a anarquia à francesa" e que sua diplomacia batesse de frente com Napoleão III, eis o que alimentou a síndrome do inimigo hereditário depois da perda da Alsácia-Lorena e o cerco de Paris em 1870-1871. "Come teu pão", disse uma mãe a seu guri antes de 1914, "pelo menos isso o prussiano não roubará."

Foi somente após a guerra de 1914-1918 que o alemão tomou o lugar do prussiano. Durante a Segunda Guerra Mundial, ele, e não o nazista, foi estigmatizado pelos governantes e a opinião pública, pró ou contra a colaboração. Apenas os católicos de esquerda, em torno da revista *Esprit*, e alguns políticos perceberam de fato essa distinção, com os comunistas preferindo falar de luta "contra o fascismo".

Imediatamente após a Segunda Guerra Mundial, os sofrimentos decorrentes da Ocupação, depois a descoberta dos campos de extermínio, exacerbaram o ressentimento, que agora tinha como objeto todos os alemães, nazistas e cúmplices, militares ou civis.

Entretanto, pouco a pouco, observou-se uma dupla mudança. Enquanto a maioria dos franceses carregou os estigmas da Ocupação, aqueles que foram prisioneiros — não os deportados naturalmente — tinham uma visão da Alemanha mais favorável, pois não foram maltratados. Sentimento que o cinema exprimiu em *A vaca e o prisioneiro* (1959), de Henri Verneuil, com Fernandel, e *A passagem do Reno* (1960), de André Cayatte, com Charles Aznavour. Por outro lado, dividido em quatro (as duas Alemanhas, a Áustria, Berlim), o antigo Reich não parecia mais ameaçador. Os americanos e os soviéticos eram julgados como tal: De Gaulle deu o beijo de reconciliação em Adenauer, gesto que foi repetido por Mitterrand e Kohl em Verdun. Além disso, graças ao Plano Monnet e a Robert Schuman, as relações econômicas entre os dois países se desenvolveram, surgindo certa cumplicidade entre os *managers* dos dois lados do Reno. Por fim, na França, constatou-se cada vez mais a tendência a apontar Vichy como responsável por crimes durante muito tempo imputados aos alemães e apenas a eles.

Não resta dúvida de que o filme *O desgosto e a piedade* (1969), de Marcel Ophuls, e o livro de Robert Paxton, *A França de Vichy*, contribuíram para o deslocamento desse ressentimento. Salvo, evidentemente, nos descendentes das vítimas do nazismo, ainda que a Alemanha oficial não tenha cessado de exprimir seu arrependimento pelos crimes cometidos na época nazista.

Em 1931, Briand e Laval queriam que os dois países "enterrassem a machadinha de guerra". Na aurora do século XXI, podemos julgar que assim foi feito. Entretanto, a reunificação da Alemanha em 1989 ainda deu calafrios naqueles que, como François Mauriac, diziam que amavam de tal forma a Alemanha que desejavam várias.

CAPÍTULO 4

Pós-colonização e comunitarismo

Na virada deste século, a violenta escalada dos ressentimentos atestou, se necessário, que em história a página nunca está virada e falar em “fim da História”, como Fukuyama, não tem consistência.

Quer se trate do retorno do islamismo ou da reativação da *jihad*, do fogo que se alastra na América indígena, dos efeitos perversos da derrocada do comunismo soviético, todos esses fenômenos parecem surpreendentes, quando não imprevisíveis.

É que o problema colonial não terminou com as independências, nem tampouco os gigantescos deslocamentos de população que as acompanhou. Na América andina, e isso por exemplo foi esquecido, foram os colonos que se tornaram independentes da Espanha, e não os nativos. Na Europa, não paramos de ser confrontados com as sequelas da colonização, com os julgamentos de que ela é objeto. O fracasso da experiência soviética não pôs um termo nas ideias anti-imperialistas que estavam, de certa forma, em sua origem — sem falar da nostalgia que este fim pôde, aqui ou ali, inspirar.

Haveria um elo entre esses fenômenos?

Em todo caso, se nenhum vínculo pode ser efetivamente detectado, ainda assim — através do ressentimento que as provações de antigamente provocaram —, esse passado é tão presente quanto o presente, e com frequência o forja.

Tentemos estabelecer um dos percursos do ressentimento desde o antigo tráfico árabe, depois atlântico, até os dias de hoje.

Black is beautiful

O mundo africano também teve o seu Espártaco.

Chamava-se Ali Ibn Mohammed, alcunhado Zahib al-Zandj, isto é, o senhor dos *zandjs* — africanos em sua maioria bantus —, levados como escravos, sobretudo para a Mesopotâmia (o Iraque de hoje), para tornar cultiváveis as terras nitrosas do Chad el Arab. Agrupavam-se em canteiros de obras que tinham entre 500 e 5 mil trabalhadores, espremidos e alimentados com farinha, sêmola e tâmaras. Os primeiros levantes de 689 e 694 fracassaram. O liderado por Ali Ibn Mohammed contra os árabes durou de 869 a 883, contemporâneo no Ocidente de Carlos, o Calvo, e das invasões normandas. A insurreição tomou conta de meia dúzia de cidades, entre elas Basra, e resultou na formação de um Estado. A partir da capital, Mani'a, ele dominou toda a região dos canais antes de ser esmagado pelo futuro califa abássida Al-Mutadid. Ali Ibn Mohammed foi morto, e seus companheiros mais próximos, decapitados.

Esse triunfo sobre os escravos foi celebrado em Bagdá como grande vitória. O chefe que a obteve recebeu o título de "Al-Nasir li din Allah" — aquele que apoia a religião de Alá.

Pois esse chefe dos *zandjs* abraçara diversas doutrinas religiosas; era igualmente poeta, e sua revolta, filha da humilhação.

À sua maneira, ele reproduzia o tom do escritor Jahis de Basra, também de descendência parcialmente africana. Em *O orgulho dos negros*, ele tomava a defesa dos *zandjs* na briga com os árabes, destacando suas qualidades:

> Fortes, corajosos, alegres e generosos, e isso não em virtude da debilidade de sua inteligência, de sua indiferença às consequências de seus atos. [...] E depois, não conhecemos apenas aqueles dentre eles que haviam sido escravos...

Para concluir que:

> A cor negra é bela na natureza, no reino animal, e no homem também. Esse negro não é uma punição, mas resultado de condições naturais: as esperanças são verdes sobre as folhas, os piolhos são pretos na cabeça de um jovem e brancos se seus cabelos embranquecerem.

Essa insurreição "pôs fim à única tentativa no mundo muçulmano de transformar a escravidão familial em escravidão colonial"[1], isto é, tornando cativos os trabalhadores forçados.

Comparado ao tráfico de escravos árabe ou africano, o tráfico e a escravidão atlânticos apresentavam uma diferença essencial: não apenas o desenraizamento brutal, como a viagem marítima em condições desumanas e por cenários desconhecidos. Antes mesmo que o trabalho forçado confinasse essas desafortunadas vítimas, suas provações e sofrimentos padecidos constituíram decerto uma violência como a História pouco conhecera.

Em todo caso, na África negra os *zandjs*, assim com os outros, guardaram na memória o sofrimento pelas violências ligadas ao tráfico.

[1] Alexandre Popovic.

Considerando que hoje a colonização e depois a independência recobriram esse passado remoto, que o imperialismo multinacional confinou e paralisou sociedades africanas mistas (cristãs, muçulmanas, politeístas), a mão dos historiadores africanos treme quando evoca esse passado. Foi portanto uma câmera que gerou o ressentimento na nação *uolof* do Senegal, que os "homens da recusa", os *ceddos*, alimentam contra o Islã conquistador.

No filme *Ceddo* (1977), de Sembène Ousmane, ciosos de sua liberdade, os *ceddos* combatem ao mesmo tempo a religião muçulmana, o comércio colonial e o catolicismo. Querendo converter os escravos, o padre assiste, passivo, à catequização dos conselheiros do chefe, que pouco a pouco perde a substância de seu poder, o representante do Islã tendo confiscado o poder espiritual e depois o poder temporal. Os *ceddos* então rebelam-se e sequestram a filha do chefe. Prisioneira, ela não manifesta sentimento de hostilidade nem de simpatia em relação a seus raptores. Começa uma luta armada entre os *ceddos* e o novo poder. A princesa é resgatada e deve casar-se com o novo chefe, um muçulmano. Na hora do amor, ela o mata.

Assim, é uma mulher jovem e bonita que encarna a determinação e a liberdade. Ela também defende a identidade de seu povo, que será pervertida por costumes alienígenas. Um filme corajoso num país cujas elites são muçulmanas.

A sorte das vítimas do tráfico atlântico naturalmente nos convida a interrogar-nos sobre suas reações depois que elas chegam à América. Sabemos que no Caribe, assim como nas colônias que se tornarão os Estados Unidos, foram inúmeros os atos de desespero: automutilações e suicídios incontáveis. Outros tentaram fugir ou se revoltaram.

As fugas eram mais fáceis em regiões tropicais pouco povoadas, como no Brasil, no Suriname ou na Jamaica. Quanto às revoltas, algumas foram bem-sucedidas, chegando ao reconhecimento da independência — por exemplo no Haiti —, mas a maioria foi sufocada. Como a de Nat Turner nos Estados Unidos, em 1831: foi esmagada após ter semeado o pânico na Virgínia, onde cem escravos assassinaram sessenta pessoas em vinte e quatro horas, antes de serem exterminados por sua vez. Quanto às revoltas individuais, foram inúmeras.

Na maioria dessas colônias, as festas representavam o quadro institucional da sobrevivência dos cantos, danças e outras manifestações musicais da África. Sua organização tornava-se a matriz de uma espécie de contrapoder exercido por aquele intitulado "governador", cuja preeminência os brancos aceitavam, pois em geral ele era descendente de rei, além de ser quem negociava com o patrão. Este denunciava tranquilamente os delinquentes para esse "governador", desviando assim o ressentimento dos escravos contra os membros de sua própria comunidade.

Quanto aos escravos convertidos, preservaram sua herança africana tanto nos países católicos, onde ela deu origem a um sincretismo de formas variadas, como nos países protestantes, onde o negro só é aceito como membro de uma Igreja na medida em que sua instrução for autêntica. A evangelização acarretou assim o desaparecimento de boa parte de suas tradições africanas.

Teria ele assumido uma alma de branco? Eis uma questão colocada por Fantz Fanon em *Pele negra, máscaras brancas* (1952). Seria uma resposta ao que escrevia, em 1944, Gunnar Myrdal em *An American Dilemma*, ou seja, que nos Estados Unidos o negro era em primeiro lugar um americano? E nas Antilhas francesas?

Na Martinica, uma das primeiras medidas tomadas pela II República, em 1848, foi que "a população inteira, na fraternidade, tornar-se-ia cidadã francesa". A República fora proclamada em 25 de fevereiro, a liberdade e o sufrágio universal estabelecidos em 5 de março. Aos novos alforriados, foi atribuído, em 27 de abril, um título de cidadania, isto é, uma nacionalidade e uma identidade escolhidas ou impostas, ao mesmo tempo que se promulgava o decreto sobre a abolição da escravidão. Concretamente, isso se traduziu numa anistia aos escravos "que o horror da servidão fez com que fugissem, os clandestinos que ocuparam terras", acrescentava o decreto.

Em suma, ao ler as análises de Myriam Cottias, constatamos que, perdoando-lhes, esqueciam seu destino indigno. E mais: com a eclosão da violência em 22 de maio, dia em que a emancipação foi reconhecida, e enfim alcançado o esperado decreto de promulgação, "a proposta de paz social que se apoiava no esquecimento das desigualdades e do passado torna-se o esquecimento dos acontecimentos de 22 de maio". Era preciso esquecer a violência dos motins e não a escravidão, a anistia cabendo dessa vez aos amotinadores. A missa de 8 de junho de 1848 foi consagrada a essas vítimas, as de 22 de maio, não pelo erro cometido em relação aos escravos, mas pelos escravos, a fim de serenar os ânimos.

Bissette — homem de cor, porém livre — foi banido alguns anos antes por ter escrito "que nunca perdoaria os carrascos". Desde então "não nega o profundo ressentimento nele gravado pela conduta sofrida", mas constata com prazer que esse sentimento se amainara em virtude do reconhecimento na França das iniquidades de que ele fora objeto.

Contudo, tanto na Martinica como em Guadalupe, as relações de trabalho — "uma nova escravidão" —, o montante dos salários e o racismo dos colonos continuavam perpetuando a lembrança do passado. "Vaidade africana", exclamam os brancos; "Morte aos brancos", respondem os negros — e esses gritos alinhavam a história do Caribe.

É preciso esperar muito tempo para que a escravidão não apenas seja abolida oficialmente, mas condenada de maneira explícita como "crime contra a humanidade": um ato do Parlamento conquistado graças à eloquência de Christiane Taubira, deputada da Guiana, que pode exclamar agora "que tem orgulho de ser negra".

"Quanto a mim, gostaria de ver o dia em que as pessoas de meu povo terão orgulho de ser negras e admitirão sua cor com dignidade", escrevia Kenneth Clark em *Dark Ghetto*. Nos Estados Unidos, no início dos anos 1950, ainda estava bem longe disso, mesmo que os estados manifestem sua solidariedade ao Movimento pelos Direitos Civis do pastor Martin Luther King, herói da não violência. Pois, independentemente da agressividade dos racistas da Ku Klux Klan no *Solid South* (Velho Sul), sobretudo, o racismo vulgar reina um pouco por toda parte. Em cada conflito que explode, o negro é sempre culpado, como vemos em *O mundo não perdoa* (1949), de Clarence Brown. "Pode até não correr sangue, mas tudo é possível", dizem nas comunidades negras, irritadas com tanta ingratidão e crueldade. Afinal, durante a Guerra da Independência, não foram elas que desempenharam a função de enfermeiras, que salvaram vidas, manifestando civismo e entrega pessoal? Não cumpriram seu dever durante as duas guerras? Ora, havia sido imediatamente após a Grande Guerra, em 1919, que a maior parte dos negros fora linchada no Sul: 70. Alguns, entretanto, usavam o uniforme de sua unidade militar. Nesse ano foram contabilizados 25 motins. Em 1941, os negros foram excluídos de um banquete de apoio ao esforço de guerra. A fúria contra essas humilhações só fez aumentar, a ponto de o presidente Eisenhower, pela primeira vez desde a época de Lincoln, decidir criticar publicamente os excessos da segregação. "Mas", explicou ele às Atualidades Paramount, "é porque isso gera uma imagem ruim dos Estados Unidos no estrangeiro". Estávamos então em plena Guerra Fria.

Naturalmente, algumas medidas foram imaginadas para limitar a segregação — as cotas no Exército, por exemplo; mas nada de importante, de maneira que o ressentimento e a expectativa impotente geraram ao mesmo tempo transfigurações e explosões: os anos 1960 e 1970 foram decisivos.

Uma das primeiras soluções extremas imaginada pelos negros havia sido, desde o início do século, o retorno à África. Essa ideia ganhara terrreno, desenvolvida por Marcus Garvey, que propunha a criação de uma espécie de sionismo negro, a exemplo dos judeus espalhados no mundo, para que se reunissem 400 milhões de negros, que disporiam finalmente de uma nação. Sua bandeira deveria ser vermelha como o sangue derramado ao longo da História, preta, como a cor da pele da qual deve extrair orgulho e não vergonha, e verde como a esperança. Seria a África? "Não", tanto para James Baldwin como para outros que empreendem uma peregrinação até lá e retornam desencantados... De volta aos Estados Unidos, esses peregrinos sentiram-se mais americanos que africanos.

"Ter uma nação antes de ter um Deus", repetiam. É efetivamente o que acontece nas colônias europeias, da qual um bom número tornou-se independente tanto no Caribe — Trinidad e Tobago,

Jamaica etc. — quanto na África tropical. Porém, nos Estados Unidos, onde não se cogitava que os negros pudessem ser soberanos de qualquer Estado, a adesão ao islamismo pareceu ser o jeito.

Esses *Black Muslims*, adeptos de um poder negro, dizem que "o tempo dos brancos terminou... Por que juntar-se a moribundos?". Atuantes, funcionando como comunidade, adotam um comportamento conforme às normas mais severas do Islã: puritanos, não bebem, não fumam, produzem filmes em que revelam todas as suas virtudes, mas tão tediosos que logo as salas de cinema se esvaziam. Contudo, a verdadeira desilusão vem do mundo muçulmano — árabe no caso —, do qual esperava uma ajuda, na ONU ou em outra instância, para defender seus direitos, como acontecera com os muçulmanos da Tunísia quando a política francesa foi objeto de acusação. Ora, esse mundo árabe, à época liderado por Nasser, buscava obter ajuda americana ante o colonialismo anglo-francês, principalmente em Suez. Desinteressou-se então por essa comunidade muçulmana que esperara ser incluída num mundo que a ajudasse a se libertar. Em 1957, um grave incidente ocorre em Little Rock (Arkansas). O governador chama a Guarda Nacional para impedir a integração escolar dos negros, e o presidente Eisenhower convoca o Exército para permitir o acesso das crianças negras às escolas. O governador decide então pelo fechamento dos estabelecimentos públicos, mas a decisão é declarada ilegal pela Suprema Corte.

Depois que em 1963 uma grande passeata em Washington reuniu pacificamente brancos liberais ao lado de negros, o *Black Muslim* Malcolm X é assassinado. Em seguida, o líder não violento Martin Luther King também é. Entretanto, se as violências se multiplicaram, explodindo em diversas cidades em 1970, alguma coisa diferente aconteceu nas profundezas da sociedade.

Em *Sementes da violência*, filme de Richard Brooks realizado em 1955, vemos pela primeira vez um bando de adolescentes brancos e negros quebrarem barbaramente o LP de 78 rotações de jazz de seu professor e substituí-lo por um de 45 rotações de "*Rock around the Clock*" — o rock'n'roll opondo-se ao jazz, como os adolescentes a seus primogênitos. Nesse filme, também pela primeira vez, um negro, Sidney Poitier, desempenhou um dos papéis principais.

O maior sucesso da história da música coincidiu com a primeira integração assumida dos negros no mundo dos brancos, com o ressentimento de uns e outros exprimindo-se, para os jovens, contra os mais velhos: "A lembrança mais viva da minha infância", cantavam os Sex Pistols, "é o ódio aos meus professores". O desprezo em relação aos "velhos" também, brancos ou negros.

No rock'n'roll cruzam-se elementos de cultura negra e cultura branca, a música contribuindo assim para o processo de amálgama cultural dos negros com a nação americana. Como julgava Paul Yonnet:

> Agora, enquanto com Chuck Berry os negros entoavam hinos ao automóvel, ao tempo livre, ao flerte, exprimindo seus desejos em simetria com Elvis Presley, os jovens brancos apropriam-se da sexualidade negra, por exteriorização de atitudes eróticas.

"Os velhos negros" de Nova Orleans e do Solid South de um lado e a KKK do outro não demoraram a manifestar sua cólera. A febre do rock'n'roll os humilhava.

Paralelamente a essa explosão musical, o movimento de contestação também mudou de natureza.

Diferentemente dos *Black Muslims*, os *Black Panthers* eram negros apenas na sigla. Não se pretendiam negros, mas revolucionários. Entre eles — e eu os conheci — há tanto brancos quanto negros, asiáticos e latinos. Marxistas e leninistas, se diziam americanos, pouco importando sua origem. O duplo assassinato de Malcolm X e de Martin Luther King os levou a organizar lutas urbanas, nas quais, muito disciplinados, desfilavam impecáveis no ritmo e com o punho erguido.

Em 1970, a escalada desse poder preocupou a Casa Branca. O movimento foi desarticulado. Reencontramos seus líderes em Argel, como E. Cleaver, e em outras lutas terceiro-mundistas.

Sem dúvida, a violência organizada, revolucionária ou não, não funcionara. Porém, em trinta anos, quantas mudanças surgiram! Com suas preces nas manifestações, com suas passeatas silenciosas, levantando o punho em suas vitórias nos Jogos Olímpicos, os negros conquistaram, numa luta árdua, seu lugar na sociedade americana. Ostentavam essas vitórias instalando suas garotas mais bonitas, como Angela Davis, à frente dos cortejos.

Que beleza: black is beautiful.

Agora era este o slogan de uma comunidade que transformara seu ressentimento em orgulho vitorioso. Ela erguera a lápide do túmulo, vendo finalmente a luz...

O choque cultural e político desses anos levou o governo americano a tomar medidas sucessivas: a introdução de uma cota na administração e nas Forças Armadas, depois a Affirmative Action (ação afirmativa), uma forma de discriminação positiva para compensar a desvantagem racial. O resultado foi que, a uma pequena burguesia negra já existente, em particular em Nova York, acrescentou-se uma elite culta composta de juristas, universitários etc. Ela logo conquistou prefeituras em Chicago, São Francisco e até mesmo em Nova York em 1989. Hoje a vemos no topo do Estado.

Na sociedade negra subsistem, porém, imensos bolsões de pobreza, e perpetuam-se incidentes e levantes raciais.

Para os negros, a ideia de receber uma indenização pela escravidão de que foram vítimas era uma promessa que haviam esquecido. Datava de 1865, quando o general William Sherman prometeu a cada família de escravos libertada "quarenta acres e uma mula para arar".

Foram os *Black Panthers*, durante os anos 1960, que lembraram sua existência. Pediram sua implementação em seu programa de dez pontos, despertando o ressentimento e as esperanças de seus congêneres. Para renovar essa exigência, basearam-se no exemplo da Alemanha Ocidental, que indenizara os filhos de deportados judeus nos campos de extermínio.

Desde 1989, todos os anos o deputado John Conyers entra com um projeto de lei para criar uma comissão que estude a questão. Apoiando-se nos princípios da ação afirmativa, os advogados dos negros tiveram assim a ideia de depositar queixa contra as firmas ainda existentes cuja fortuna houvesse se originado no tráfico ou no trabalho dos escravos que trabalharam lá ou que ainda vivessem na região. "A escravidão deixou vestígios na sociedade de hoje e condenou a população negra à pobreza, ao desemprego, ao analfabetismo. É isso que precisamos reparar", esclareceu um dos advogados.

Arrependimento? Não, reparações!

Quando em Durban, em 2001, um grande número de representantes dos Estados africanos e árabes reuniu-se para obter desculpas e reparações da parte daqueles que praticaram o tráfico e a escravidão, a União Europeia pediu desculpas pelos crimes passados, mas recusou qualquer proposta de indenização. Além disso, os representantes africanos estavam circunspectos, divididos, pois antigamente, no antigo Daomé (hoje Benin), por exemplo, os iorubás foram vítimas dos fons; no Gabão, as vendas de crianças continuavam a ser uma prática corriqueira etc.

A exemplo dos negros americanos que tentavam receber uma indenização pelos crimes cometidos no passado, 80 mil sioux conseguiram obter, por sua vez, uma indenização. Graças a bons advogados, os aborígenes da Austrália também viram seus direitos reconhecidos.

O ressentimento dos colonizados

Foi na América indígena que a reivindicação social ou política, aliada ou não ao ressentimento, conheceu as formas mais variadas durante os anos 1980, desde a simples exigência de reparação, nos mapuches do Chile, até o terrorismo revolucionário do Sendero Luminoso, no Peru. Na Bolívia, a desintegração econômica do país pelas multinacionais suscitou uma reação indigenista que conquistou democraticamente o poder nos últimos anos.

Para avaliar o alcance desse despertar indígena, também em outros países andinos, convém lembrar que os movimentos de independência da América Latina — encarnado pelos nomes de Bolívar e San Martin, "os libertadores" — eram movimentos de independência liderados pelos colonos contra a Espanha, não sendo movimentos nativos. A propósito, no Peru eles se alinharam ao lado dos espanhóis, pois a Coroa e a Igreja procuravam limitar a onipotência dos conquistadores e de seus herdeiros. Seria possível dizer que, com a independência dos anos 1830, o destino dos índios agravou-se? Isso seria desvirtuar a questão, pois as zonas puramente indígenas são raras e as populações mestiças prevalecem amplamente. Os puros crioulos de origem europeia não são, com efeito, maioria senão no Chile. "Somos todos mestiços", repetem com naturalidade os peruanos, ao passo que existem vastas zonas indígenas na Sierra. Na Bolívia, os mestiços "fazem-se de brancos" diante dos índios.

Seja como for, se os verdadeiros conflitos são ao mesmo tempo sociais e raciais ligados ao nível de mestiçagem — chegou-se a dizer que a pigmentocracia[2] reina —, um velho ressentimento subsiste contudo contra os primeiros conquistadores. Em 1967, Nathan Wachtel mostrou, no livro *A visão dos vencidos*, como esse ressentimento se exprimia pela dança no folclore indígena; mais recentemente, Federico García enchia as salas de cinema em Lima, Cuzco e Ayacucho com seu filme, *Tupac Amaru* — o público era majoritariamente índio ou mestiço. Nesse filme, o último inca é finalmente derrotado em 1781, após uma última insurreição indígena, "por causa da traição de um espanhol". Mas o roteiro revela

[2] O sistema pigmentocrático classifica todos os cruzamentos: mestiço (espanhol/índio), *castizo* (mestiço/espanhol), mulato (espanhol/negro), *morisco* (espanhol/mulata), *albino* (*morisca*/espanhol) etc.

o sentimento de culpa dos intelectuais peruanos, que, mestiços ou crioulos, cristalizaram o dossiê da Conquista. Exprimindo um ponto de vista anticolonialista, suas análises alimentaram os programas dos revolucionários, cuja ação permanecera por muito tempo verbal. Passando à ação, o Sendero Luminoso os encostou contra a parede, pois inspirava-se nas palavras de ordem e nas práticas mais rígidas do maoísmo, agindo *à la* Pol Pot.

Durante os anos 1980, era possível ler, a mais de 3 mil metros de altitude, na Sierra de Cuzco, escrito em letras de fogo: "Abaixo os traidores albaneses". Tratava-se de uma advertência do movimento internacionalista do Sendero Luminoso, maoísta, que criticava o regime albanês por ter se emancipado da China, novo líder da revolução mundial. Seguindo a análise do marxista Mariategui, segundo a qual o Peru permanecera um país colonial, o Sendero Luminoso enalteceu o indigenismo, mas era na realidade comandado por mestiços. Seu líder, Abimael Guzmán, que pertencia à equipe administrativa da educação nacional, era originalmente professor de filosofia, especialista em Kant. Ele exprimiu seu ódio por Deng Xiao-Ping expondo cães enforcados em árvores, e seu desprezo por Moscou, que traíra a revolução mundial. Seus únicos comparsas estrangeiros, na Internacional do Sendero, ou Quarta Espada, depois de Marx, Lênin ou Mao, são o partido comunista Mao, da Colômbia, e grupos revolucionárias tipicamente trotskistas, como o Tupac Amaru no Peru, ou ainda grupos castristas e guevaristas no resto da América Latina.

Como seus mestres ideológicos, o "camarada Gonzalo" procura a eficácia: diante dos colonizadores de Lima e da costa, ele praticou o terrorismo à maneira da FLN argelina, atacando os símbolos do poder — quartéis, ministérios etc. — e multiplicando os atentados espetaculares, por exemplo privando a capital de eletricidade. Paralelamente, enraizou-se na região de Ayacucho para ali se achar "como um peixe dentro d'água", segundo a fórmula maoísta, esta região sendo sua Yenan pessoal. Nesse território controlado por ele, praticou o terror de Estado de tipo leninista-stalinista, tomando medidas draconianas para provocar "fome nas cidades". Foram então executados os aldeões que continuavam, para sobreviver, a lhes fornecer frutas e legumes. Acuadas entre essa política de terror e a repressão que o Exército, ao qual frequentemente se pedia socorro, exercia, as populações ficavam desamparadas.

Em menos de dez anos, a insurgência do Sendero Luminoso fez 69 mil mortos. Julgando então que a passagem da China à economia de mercado e o fracasso da revolução sandinista na América Central comprometeram o futuro da revolução mundial, e portanto que "a luta armada não é mais viável", Guzmán é preso em 1992. Associada à do Tupac Amaru, sua luta era responsável por 59% dessas mortes, e o exército por 28%, a origem das outras vítimas não sendo identificada.

Uma comissão Verdade-Reconciliação, criada em 2001 mais por coletivos do que pelo Estado, tenta dar voz a uma atitude política, pós-colonial, pós-revolucionária.

Nem por isso a experiência do Sendero deixou de sustentar a escalada indígena e das camadas populares menos crioulizadas, as que não procuram se fazer passar por crioulos. Além disso, no conjunto desses países andinos, o anticolonialismo assumiu o aspecto do anti-imperaliasmo, com a aliança entre as classes dirigentes e os Estados Unidos constituindo o denominador comum do ressentimento geral. Sob a forma mais extrema, assim como no início dos anos 1960 Fidel Castro estendia a mão a Nikita Kruchev, agora é Chávez, na Venezuela, que estende a mão ao Irã de Ahmadinejad.

Se é incontestável que os recursos petrolíferos da Venezuela sensibilizaram a população para a fuga dos dividendos dessa riqueza nacional — como é igualmente o caso do gás na Bolívia —, a vigilância dos governantes anteriores já estivera na origem da criação da Organização dos Países Exportadores de Petróleo (Opep), cartel do petróleo montado em 1960 com petrolíferas árabes.

Entretanto, o ressentimento da população venezuelana em relação aos Estados Unidos é mais antigo, o petróleo só tendo sido descoberto em 1922.

A crise de 1902 marcou a passagem, nesse e em outros países, do hegemonismo europeu para o dos Estados Unidos. Theodor Roosevelt empreendeu então a cruzada armada contra esses devedores, em nome de todos os credores da Venezuela. Contemporânea da expedição contra os boxers da China liderada por Guilherme II, essa intervenção efetuou-se em nome da doutrina Monroe: "para proteger o país de uma intervenção europeia" (*sic*), e em virtude de princípios morais. Pois os americanos procedem diferentemente dos europeus.

Na América Latina, até então os ingleses não haviam imprimido nenhum caráter ideológico a seu empreendimento econômico. Não estavam ali, como na África, "em nome da civilização": faziam *business as usual*. Os americanos, ao contrário, querem exportar seu puritanismo de origem, essa exigência de virtude que está na raiz de sua independência. Gostariam de estimular os sul-americanos a uma gestão saudável de seus negócios, o que logo pareceu aos latino-americanos uma astúcia hipócrita para controlar seu orçamento. O moralismo pedagógico tinha como finalidade perpetuar sua dominação, da mesma forma que o professor conserva sempre uma ascendência sobre seu aluno.

Praticando a política do "grande porrete" [*big stick*], os Estados Unidos haviam libertado Cuba da dominação espanhola; em nome de sua segurança, controlavam o Panamá, tomado da Colômbia; mais tarde, multiplicaram as ingerências na política das pequenas repúblicas de bananas da América Central. Ainda mais tarde, como mostrou Noam Chomsky, o montante das verbas destinadas pelo Departamento de Estado ou pela CIA aos governos do centro e dos sul-americanos financiou os crimes cometidos nesses países contra os direitos humanos.

Essa ajuda é patrocinada em nome da luta pela democracia, contra a subversão, e em virtude dos princípios de rigor moral que a política americana pretende encarnar.

"A moral do escravo diz 'não' e é esse 'não' que engendra valores", escreveu Nietzsche. Enquanto a ação lhe é proibida, o homem do ressentimento rumina uma vingança imaginária. Encontramos essas características nos colonizados.

Em Nehru, o sarcasmo confina com certa admiração pelo opressor.

> Um dos traços mais notáveis da dominação inglesa na Índia é que os maiores males que ela infligiu a esse povo apresentam exteriormente a aparência de benesses do Céu: ferrovias, telégrafo, telefone, rádio e o resto foram

> bem-vindos; mas não devemos esquecer que seu primeiro objetivo foi o fortalecimento do imperialismo britânico em nosso solo, permitindo o endurecimento das coerções administrativas e a conquista de novos mercados para os produtos da indústria inglesa. Entretanto, apesar de todo o meu rancor diante da presença e conduta dos senhores estrangeiros, não sentia nenhum ressentimento a respeito dos ingleses enquanto indivíduos. No fundo de mim mesmo, na verdade admirava essa raça.

A humilhação é respondida com a expressão de seu desprezo:

> Inteiramente leais à Sua Majestade britânica, não nos sentimos dignos de desamarrar o cadarço de seus sapatos [...] mas o inglês na Índia frequenta sempre o mesmo pequeno clã [...] uma classe que transpira tédio e estreiteza de espírito. Ele não demora a sucumbir a uma espécie de torpor intelectual e cultural. Quando sai de seu escritório depois de um dia de trabalho, faz um pouco de exercício, depois vai encontrar seus colegas, beber uísques e ler as revistas ilustradas de seu país [...]. Ele responsabiliza a Índia por essa deterioração progressiva do espírito.

O que foi atacado por Ho Chi Minh — que, como marxista, combateu o imperialismo mais que a França, país de Voltaire e Montesquieu — era a ganância dos franceses. Ela alimentava sua cólera e seu ressentimento.

> Durante a conquista, as operações militares expulsaram os camponeses das aldeias. Quando voltaram,

> eles encontraram seus arrozais nas mãos de concessionários que chegaram em caminhonetes dos exércitos de ocupação e não hesitaram em distribuir entre si as terras que nossos agricultores cultivavam há gerações. Com isso, nossos camponeses tornaram-se servos obrigados a trabalhar em seus próprios arrozais em benefício dos senhores estrangeiros. [...]
>
> Essa espoliação foi perpetrada em benefício de concessionários, aos quais bastava dizer uma palavra para obter superfícies que às vezes superavam 20 mil hectares. Em seguida, após roubar as terras férteis, os tubarões franceses cobraram, sobre terras improdutivas, dízimos cem vezes mais escandalosos que os dízimos feudais. Eram oprimidos como vietnamitas, expropriados como camponeses, roubados de todos os lados pela administração, pela Igreja, pelas missões. A Santa Missão apostólica possuía sozinha 1/9 dos arrozais do país.

Foi provavelmente Frantz Fanon quem enunciou o discurso do ressentimento com mais veemência. Ele falou da Argélia:

> A cidade do colono é uma cidade dura, toda de pedra e ferro. É uma cidade iluminada, asfaltada, na qual as lixeiras transbordam de dejetos desconhecidos, sequer imagináveis. Os pés do colono nunca são vistos, exceto talvez no mar. Pés protegidos por calçados sólidos, ao passo que as ruas de sua cidade são lisas, sem buracos nem pedras.
>
> O olhar que o colonizado lança sobre a cidade do colono é um olhar de luxúria, um olhar de inveja. Sonhos de

> possessão: sentar-se à mesa do colono, deitar na cama do colono, se possível com sua mulher. O colono não ignora isso. 'Eles querem tomar nosso lugar.' É verdade. Não há um colonizado que não sonhe pelo menos uma vez por dia em instalar-se no lugar do colono.

A essa inveja, Frantz Fanon acrescenta outros traços, de seu ponto de vista, mais centrais.

> Para o povo colonizado, o valor mais essencial, porque o mais concreto, é em primeiro lugar a terra. A terra que deve garantir o pão e, naturalmente, a dignidade.
>
> Essa dignidade nada tem a ver com a dignidade da pessoa humana.
>
> Dessa pessoa humana, ideal, ele nunca ouviu falar. O que o colonizado viu em seu solo é que se podia impunemente prendê-lo, espancá-lo, deixá-lo faminto. E nenhum professor de moral nunca, nenhum pároco, nunca, veio receber os golpes em seu lugar, nem partilhar seu pão com ele.
>
> Para o colonizado, ser moral é, muito concretamente, calar a arrogância do colono, acabar com sua violência, expulsá-lo do panorama.

A violência desse texto, comparada aos termos do processo que Nehru e mesmo Ho Chi Minh impetraram contra o colonizador, prefigurou os dramas que se seguiram, tanto o terrorismo e a guerra travada contra os franceses quanto o rancor e o ressentimento herdados desse período. Eles provocaram uma guerra civil que, durante aos anos 1990, deixou 100 mil mortos.

Para começar, observemos simplesmente que na França o trauma suscitado por uma ocupação estrangeira de quatro anos continuou a perturbar os cidadãos sessenta anos depois. Ora, na Argélia, os habitantes de origem ficaram sob ocupação durante mais de cento e vinte anos, embora preservando a lembrança de já terem sido ocupados pelos estrangeiros, os rumis (romanos), ancestrais dos franceses. Eis o que demonstra uma fúria ressuscitada e ainda não extinta.

Além disso, os franceses e outros colonos confiscaram terras, como no Vietnã e na Cochinchina, uma espoliação que foi muito mais delicada que outras ações ligadas à dominação dos estrangeiros, como a presença de uma administração. Constata-se então que o ressentimento dos colonizados é tanto mais intenso quanto mais lhe roubam ou confiscam terras. E que os países onde os conflitos foram mais violentos estão ligados a essa espoliação: Argélia, Quênia, Zimbábue, África do Sul e Israel, cuja criação é vista pelos árabes da Palestina como uma conquista colonial. Inversamente, nas colônias onde houve poucos confiscos de terras — as possessões francesas da África Ocidental —, o que chamamos de descolonização operou-se fazendo menos vítimas humanas.

O segundo dado que demonstra a natureza e o grau de ressentimento em relação ao colonizador está ligado à identidade dos colonizados. Se por um lado os ingleses manifestaram durante muito tempo desprezo e indiferença distante em relação aos hindus, por outro permanecem alheios às suas vidas, à exceção dos concubinatos com as indianas, em lento retrocesso por zelo carreirista. Em vez de cuidar dos indianos no caso de uma epidemia, formaram médicos e não eram suspeitos de proceder à anglicização dos "indígenas".

A atitude dos franceses era diferente. Se, por exemplo, os marroquinos elogiam Lyautey ainda hoje, é porque ele disse respeitar as tradições do país. Na verdade, era sua concepção do protetorado que se afirmava dessa forma. Inversamente, criticavam-no por ter contribuído para perpetuar instituições autoritárias. Por outro lado, ele não procurou atentar contra o estilo de governo existente no país. Quando seu sucessor, o governador Steeg, quis afastar uma parte da população da charia — o Dahir berbere —, a resposta foi o motim.

Na Argélia, precisamente, os franceses não enxergaram que o Islã existia sem clericato e que a separação entre religião e política não vinha à baila pela simples razão de que a fidelidade a Deus não passa por intermédio de ninguém. O que a lei muçulmana instituíra, a lei laica destruiu em parte. O resultado era que a vida privada, o lar, a mulher constituíam asilos que deviam permanecer invioláveis, para que a identidade da família fosse salvaguardada. Nesse contexto, portanto, a religião não é um caso de consciência, de fé, antes identificando-se com certas regras de vida. De toda forma, frequentemente desenraizado e excluído do mundo dos europeus, sem grande chance de ascensão social, suscetível ao racismo vulgar ("Chamem as testemunhas, dois homens e um árabe"), o nativo nutre incessantemente seu ressentimento por esses atentados à sua dignidade.

Outro motivo alimentava o ressentimento dos colonizados, em particular na Argélia: os colonizadores não cumpriam suas promessas. Além do fato de que contingentes nativos esperaram em vão que no fim de seu sacrifício cada um fosse reconhecido como cidadão pleno, de 233 mil homens apenas um punhado se beneficiou desse reconhecimento. Acima de tudo, os argelinos viram em seguida, de 1947 a 1954, como o status da Argélia não passou de logro institucional que afastava a população nativa das verdadeiras responsabilidades.

Havia dois colégios eleitorais, um para os europeus e esses poucos nativos com direitos de cidadania reconhecidos, onde as operações eleitorais funcionavam normalmente; e outro colégio, onde os europeus dispunham de tantos assentos quanto os nativos, oito vezes mais numerosos no país. Como se não bastasse, a essa paródia de democracia somava-se a fraude eleitoral: mesas corrompidas, violação das urnas e alteração dos resultados pelas autoridades eram moeda corrente. Essas eleições eram conhecidas como "eleições *à la* Naegelen", o governador socialista nessa data.

Os colonos europeus faziam pressão sobre as autoridades para perpetuar essa situação. Henri Borgeaud, um dos homens fortes do mundo parlamentar e, por sua vez, colono poderoso, explicava: "A política argelina é cozinhada numa panela argelina, por cozinheiros argelinos. Entendam: naturalmente europeus da Argélia". "Eleições honestas, pelo amor de Deus, não haverá problema político se vocês não criarem", explicava-se ao assessor político de François Mitterrand, Pierre Nicolai. Daí brotava certo ressentimento dos franceses da Argélia contra a ingerência dos metropolitanos em seus assuntos. Quanto aos nativos, se não conheciam explicitamente as declarações feitas por aqueles que, de fato, controlavam os assuntos argelinos em suas mãos, sabiam muito bem qual era o pensamento dominante a seu respeito.

Que, na esteira da direita, a esquerda no poder na França deixe a administração proceder à mesma fraude nas eleições — eis o que irrita os militantes nacionalistas, sejam eles moderados, sob a égide de Fehrat Abbas, ou radicais, de Messali. Além disso, por qualquer motivo, são arrastados aos tribunais a pretexto do artigo 80, que incide sobre o atentado à soberania: a maioria dos advogados é de origem metropolitana, mas os juízes são europeus da Argélia.

Uma República perjura, eis o que desvaloriza os princípios nos quais ela pretende apoiar-se e leva a uma revalorização de sua própria cultura, em que a palavra dada e o senso de honra constituem os fundamentos da moral.

Isso reforça as convicções nacionalistas, que durante os anos 1950 se alimentaram em outros núcleos: o mundo árabe em pleno desabrochar na época de Nasser, um retorno do islamismo (ao qual voltaremos), o exemplo dos vizinhos, o Marrocos e a Tunísia, que sacodem o jugo do protetorado.

O ressentimento contra o colonialismo passa a ser cada vez mais intenso. *In loco*, entretanto, se ele visa às instituições, ao regime, aos colonos poderosos que o encarnam, constata-se que concerne pouco às pessoas — ainda que, a cada instante, o nativo seja ferido com a expressão do "racismo vulgar". Nas fazendas como na cidade existe certa fraternidade entre europeus e muçulmanos, a despeito da dupla barreira que os separa: a das responsabilidades políticas e a das relações sexuais, um interdito em cada comunidade. "Dois povos que se odeiam e se adoram" escrevíamos em *Paris-Normandie*, em 1954.

Quando, após se entredevorarem, os militantes nacionalistas foram enquadrados na lei da FLN, a partir de 1954, houve poucos atentados individuais contra europeus que denotassem vingança pessoal. Os crimes eram anônimos e perpetrados por comandos "vindos de outras partes", situação que reencontramos quarenta anos depois, quando os argelinos se mataram mutuamente. No início da guerra da Argélia, quando a FLN ainda não exercia influência sobre o conjunto da população — influência estabelecida pelo terror —, vários foram os casos em que os nativos avisaram aos europeus do perigo que os ameaçava.

Independentemente das operações de guerra que se seguiriam, e de sua duração, essa ausência de ressentimentos pessoais explica a recepção entusiástica dispensada a Chirac em Argel há alguns anos. Ela atestava que a lembrança de um passado partilhado, às vezes feliz, voltava à memória.

Por sua vez, os governantes argelinos instrumentalizaram o ressentimento que varrera tudo no período da guerra contra a França e permaneceu um dos fundamentos de sua legitimidade.

Quanto aos franceses da Argélia, detestavam a metrópole, que não soube defendê-los. Acima de tudo, julgaram-se traídos por De Gaulle, em quem haviam depositado confiança em 13 de maio de 1958. "Nunca seremos suficientemente antigaullistas", diziam aqueles que percebiam o sentido dos pequenos passos que ele dava na direção contrário à desejada pelos franceses da Argélia. Provavelmente, em seu íntimo, embora a independência pudesse estar no fim de seu caminho — e embora não se tratasse, considerando o estado da insurreição, de voltar à "Argélia venturada" —, ele não imaginava que ela teria como efeito a partida de todos os franceses, êxodo que eles nunca lhe perdoaram.

Houve, contudo, tanto na metrópole como na Argélia, franceses que acreditaram, depois da independência, na possibilidade de uma política de cooperação com os novos dirigentes. Alguns se mostraram solidários com a causa argelina, recriminaram a tortura, "com mais compaixão por suas vítimas do que pelas do terrorismo", segundo Soustelle e Albert Camus. Esses colaboradores tinham na cabeça que deviam comportar-se com os argelinos independentes como fariam os dirigentes franceses da época dos três departamentos. Embora não fossem suspeitos do menor pendor colonialista, mudaram de opinião assim que os dirigentes formados pelos princípios da democracia — como Benkedda, Fehrat Abbas ou Aït Ahmed — desocuparam o poder, tomado por Ben Bella, e sobretudo Boumediene. Este, apoiando-se na religião e na sociedade tradicional, pretendia promover o Islã e "desfrancezar" o país para melhor "arabizá-lo".

Ao ressentimento desses franceses, decepcionados com a reviravolta do regime argelino, logo se viram associadas as mulheres argelinas que acreditaram que a independência lhes traria a liberdade.

Na época da Argélia francesa, as famílias muçulmanas resistiam à europeização em nome da defesa de sua identidade. Frequentemente é o respeito às tradições que importa, a religião sendo menos um caso de consciência do que uma identificação com certas regras de vida. Sendo a família a fortaleza em que a colonização não penetrou, evitava-se mandar as meninas para estabelecimentos escolares europeus; no liceu Stéphane-Gsell, em Oran, por exemplo, de 1948 a 1956, contavam-se nos dedos das duas mãos as moças que os pais autorizaram a prosseguir seus estudos até o vestibular.

Por ocasião das lutas pela libertação, a FLN sustentara um discurso sobre o futuro da mulher e sua emancipação, uma vez conquistada a independência da Argélia. Várias delas participaram da luta armada, essencialmente por patriotismo, e também porque tinham fé nessa promessa de emancipação.

Mas as mudanças ocorridas no topo do Estado, de 1961 a 1965, assim como um movimento vindo das profundezas, puseram fim a essa esperança.

Uma das pioneiras, em *Les Femmes du Mont Chenoua*, Assia Djebar, exprimiu com força suas desilusões, seu ressentimento, sua cólera contra aquele retorno ao esquecimento e às promessas não cumpridas. Durante os anos 1970, as mulheres protestaram, manifestaram-se e foram duramente reprimidas. Em 1984, os líderes argelinos endossaram os islamistas ao adotarem um código do estatuto pessoal calcado na charia.

A revitalização do ressentimento pelo Islã

O ressentimento que os nativos da Argélia manifestavam contra o colonizador resgatava, com matizes próximos, o dos colonizados da Índia, da Indochina e do Vietnã.

Entretanto, nas sociedades do Islã, ele enraizava-se em uma humilhação mais profunda do que em outros lugares, pois antigamente estas haviam dominado aqueles que, desde então, as haviam colonizado. "Como pudemos nos tornar escravos de quem havia sido nosso escravo?" Esta é a interrogação feita por aqueles que sabem que em 1830 havia escravos cristãos em Argel e, em 1880, escravos caucasianos no Cairo.

Mais globalmente, os muçulmanos preservaram na memória o tempo em que os impérios herdados da conquista árabe haviam dominado a sociedade do Ocidente ou do Oriente — quer se tratasse dos otomanos, presentes do Marrocos à Crimeia; dos persas sefávidas, do mar Cáspio ao Indo; ou dos mongóis, da Caxemira ao golfo de Bengala.

Ora, sucessivamente, o império mongol desapareceu no século XVIII, o império persa foi obrigado a aceitar "zonas de influência" russa e inglesa em 1907, e o império otomano foi vencido em 1918, e destruído em seguida após ter sido desarticulado pelos europeus ou visto suas minorias cristãs tornarem-se independentes (Grécia, Bulgária etc.).

O fim do império otomano foi acompanhado da supressão do califado, então representado pelo sultão, que personificava a sucessão de Maomé e a unidade do Islã (exceto para os xiitas). Essa supressão foi obra de Kemal Ataturk, que queria modernizar a sociedade turca introduzindo a laicidade, sem contudo ser antirreligioso. Nem por isso essa ação pareceu menos sacrílega, e contra essa modernidade foi fundada no Cairo, em 1928, a confraria dos Irmãos Muçulmanos.

É possível observar *a posteriori* que as reações mais vivas contra a humilhação que foi a colonização, ou a subversão da modernidade, emanam de indivíduos ou de grupos provenientes dos territórios menos "contaminados" pela expansão europeia: o Egito primeiro; o Irã de Khomeini, em 1979; o Afeganistão e seus confins *patchuns*; o Iêmen e a península arábica onde surgira, no século XVIII, o waabismo, um movimento fundamentalista que preconiza o retorno à charia.

Quando, em 2001, Bin Laden comentou sua ação no dia seguinte ao ataque de Nova York, evocou "oitenta anos de humilhações dos povos muçulmanos", alusão precisa à supressão do califado por Ataturk. Mas silenciava sobre o nascimento dos Estados árabes que lhe era contemporâneo, porque os Estados-nações — essa "invenção do Ocidente" — constituem um fator de divisão do Islã. Esse dado também demonstra a hostilidade que lhes dedicaram os Irmãos Muçulmanos. E explica igualmente o fato de que, apoiando os palestinos contra Israel, Bin Laden jamais tenha dado seu apoio a Arafat, que dividia ainda mais o Oriente árabe-muçulmano ao querer criar um novo Estado; além disso, Arafat simbolizava certa forma de laicidade, não tendo invocado uma única vez o Islã durante sua introdução na ONU em 1974.

Uma causa primordial e fundadora do ressentimento das sociedades do Islã, e mais precisamente do Islã árabe, foi a derrota contra Israel em 1948 — da coalizão entre o Egito, a Jordânia, a Síria, o Iraque e o Líbano ante as forças nascentes desse Estado liliputiano que não tinha ainda sequer exército organizado.

O desespero nascido dessa humilhação foi mais importante do que todas as perdas materiais. Ele esteve na origem do engajamento de Nasser, a quem os israelenses prestaram homenagens militares após a derrota de Faluga, mas que compreendeu que "sua pátria era outra Faluga" e que era preciso regenerá-la. Seu ressentimento pessoal contra o regime de Faruk juntava-se ao dos egípcios e dos outros Estados derrotados. Depois que a cólera dos árabes dirigiu-se contra os ingleses e franceses durante a crise do canal de Suez em 1956, o Islã árabe contou com os americanos, que haviam exigido de seus aliados o fim do ataque contra Nasser. Mas, diante do poderio cada vez maior da República Árabe Unida, os Estados Unidos julgaram que Israel seria sua melhor base de apoio no Oriente Médio, e lá se mantiveram.

Desde então, considerando o pesado ressentimento que a acompanha, a luta contra Israel mostra-se mais capaz de mobilizar as massas muçulmanas do que os conflitos da Chechênia ou do Afeganistão; além disso, por sua identificação com uma guerra anticolonialista, permite associar ao Islã e aos palestinos elementos da esquerda radical ou assimilados, sejam eles convertidos, como Carlos ou Garaudy, ou não.

Estrategicamente, a frente anti-israelense tem um poder federativo ainda maior na medida em que, para o islamismo, ela visa tanto ao inimigo próximo como aos Estados Unidos, "o inimigo distante".

A recusa intransigente de uma parte dos palestinos em reconhecer Israel e a dos israelenses em pôr fim à anexação e colonização dos territórios ocupados em 1967 — eis o que reativa o conflito e alimenta mais, como se ainda fosse preciso, o ressentimento recíproco dos protagonistas.

Uma ilustração publicada no jornal para crianças *Al-Da'Wa* em 1978 e reproduzida em nosso *O choque do Islã*, resume todas as queixas do islamismo militante. Um enorme dedo aponta para o grande culpado entre os inimigos do Islã: Theodor Herzl, um dos fundadores do sionismo. Aqueles que, ontem e hoje, o apoiaram são representados em pequenas vinhetas. Reconhecemos Assad, o líder sírio do partido Baas, laico; Brejnev, encarnação do ateísmo comunista; Begin, então primeiro-ministro de Israel; Nasser, culpado por fortalecer o Estado-nação; a estrela de Davi, a Estátua da Liberdade, a foice e o martelo, enfim Kemal Ataturk, defensor da laicidade nos países do Islã.

Mas tudo isso não explica outra frustração, fonte de ressentimento: o fracasso desses Estados-nações de se modernizar no plano econômico, o que devia permitir o acesso à independência. Se é verdade que essa promessa colidiu com a aceleração da globalização, as disfunções e rivalidades políticas internas comprometeram o desenvolvimento desses países.

Não eram riquezas, sobretudo em petróleo, que faltavam ao Irã do xá nem à Argélia de Boumediene. A brutalidade das medidas tomadas pelo Estado para armar o país, ao lado da malversação de recursos e da corrupção, privou as populações dos dividendos desse maná, deixando-os para o Islã radical, seja xiita ou sunita. A ingerência americana funcionou como estopim no Irã xiita, assim como na oposição na Arábia Saudita sunita. Outros países, menos ricos, mas que dispõem contudo de uma rica tradição agrícola e cultural, foram atingidos pelo mesmo fenômeno: o Egito, onde os Irmãos Muçulmanos conquistaram diversas engrenagens do Estado; e o Marrocos, onde a fratura social perpetua a dos tempos de colonização, e as práticas de poder, e até sua legitimidade, são contestadas.

O descontentamento que brota das desilusões com a independência — e de uma democratização dos costumes frequentemente imposta de cima — faz do islamismo a alternativa preferível à versão laicizada do Islã desejada por boa parte da população mas não necessariamente a mais militante.

O ressentimento contra os efeitos perversos da globalização e a convicção de que são os Estados Unidos que comandam o movimento somam-se à paralisia da mutação modernista que esperava a população no momento das independências. Observar que os países do Extremo Oriente asiático, por sua vez colonizados em outros tempos, souberam enxertar-se no mundo em devir, e não se crispar numa recusa — eis o que põe em xeque o dogma e a lei do Islã. Sua responsabilidade só pode cavar um cisma no bojo de suas sociedades tão variadas. O choque das civilizações não se situaria tanto em seu âmago quanto em suas relações com os outros?

Comunitarismo e revolução

Nos países do Magreb, principalmente na Argélia, a herança colonial, as desilusões com a independência e a guerra civil mais cruel tiveram como efeito perpetuar o fluxo de emigração de populações inteiras para a França. O total desses magrebinos foi calculado de 3 a 5 milhões, dependendo se contarmos ou não os que foram naturalizados, os imigrantes temporários etc.

Dissemos magrebinos, e não muçulmanos, pois não vemos motivo para islamizar uma população cujas estatísticas mostram que frequenta menos as mesquitas na França que os católicos as igrejas. Mas voltaremos a isso adiante; afinal, sempre que surge um problema com esses imigrantes um ministro do Interior é chamado para solucioná-lo, e ele se dirige a representantes do Islã...

"Eu esperava que fosse a esquerda que me nomeasse secretário de Estado e, para minha grande surpresa, foi a direita."

Ao fazer essa declaração quando Jean-Pierre Raffarin a nomeou para seu governo, em 2004, Tokia Saifi levantava uma espécie de tabu, trazendo à tona o fato de que, desde 1981, nenhum dos governos dirigidos por socialistas nomeara um imigrante do Magreb para um alto cargo na direção do Estado.

Que os imigrantes da África do Norte, de religião muçulmana, tenham sentido certa amargura com isso, é perfeitamente compreensível. Ainda mais que a esquerda francesa — não apenas os socialistas — nunca deixou de afirmar seu antirracismo e de participar das lutas do SOS-Racismo.

Mas essa esquerda "nunca os fez entrar em sua casa".

Além disso, do ponto de vista de seu discurso, revolucionário, ela sempre olhou com condescendência os mais radicais deles.

A atitude não é nova.

Desde antes da Guerra da Argélia, numa época em que a esquerda era personificada pelos comunistas, eles preferiam tratar com Messali-Hadj — que era, decerto, independentista e nacionalista, mas que privilegiava o Islã — do que com Fehrat Abbas, muçulmano laico, representando a burguesia, "uma classe sem futuro". Após a independência, para a esquerda radical, agora trotskista, qualquer coisa era melhor na metrópole do que um Estado-nação republicano. Por volta de 1968, os trotskistas voltaram a acreditar na revolução mundial e apoiavam de todas as maneiras aqueles que poderiam assegurar seu futuro: Fidel Castro, Yasser Arafat, Boumediene. Logo os maoístas se juntaram a esse movimento.

Os imigrantes que queriam se tornar franceses eram ignorados ou desprezados por todos. Alguns eram considerados traidores por não terem lutado pela independência de seu país. Essas lutas pela independência enfraqueciam o mundo imperialista e burguês — ora, tudo que ia no sentido da revolução era moral, já dizia Lênin, tudo que ia contra era imoral.

Durante os anos 1970 — época de Pompidou e Giscard d'Estaing — a esquerda radical compreendeu que a revolução mundial não se efetivara, pois a burguesia, isto é, para ela o Estado, retomou as rédeas do poder. Com isso, os trotskistas, lambertistas à frente, maoístas também, converteram-se e se dissolveram para fazer entrismo[3] nos partidos políticos, nos sindicatos e no aparelho de Estado, na imprensa também. A ecologia serviu na medida como estrutura de recurso.

No Partido Socialista eles são mais numerosos: no congresso da esquerda socialista de 1994, afirma Gérard Filoche, dos 500 delegados 180 eram veteranos da Liga Comunista, dez ex-lambertistas e três veteranos da Luta Operária.

Nesse contexto, resquício de seu passado recalcado, eles não poderiam pensar em chamar para o lado deles os *beurs*[4], que haviam pretendido confiar no Estado republicano.

Vítimas do racismo vulgar, exprimindo sua cólera em francês, ao contrário dos veteranos, perceberam que "a cidade não é o lugar de sua cidadania, mas de seu opróbrio".[5] Seus pais, na Argélia, diziam à esquerda francesa: "Vocês pretendem ser nossos irmãos, queríamos ser seus cunhados." Na metrópole, os *beurs* de fato conseguiram, como atesta o numero crescente de casamentos mistos, mas, politicamente, permanecem excluídos.

Então, para manifestar sua benevolência, aplicando à política o princípio de precaução, na medida em que o islamismo aproxima seus raios do coração da Europa, nossos dirigentes — de direita ou de esquerda — islamizaram os magrebinos. Fazem das organizações muçulmanas seus "interlocutores válidos" e as consolidam,

[3] Surgida em 1955, a corrente conhecida como lambertista especializou-se na conquista dos aparelhos políticos e sindicais, depois da mídia, pelo entrismo, isto é, pela adesão sem revelar sua tendência.
[4] *Beur*: gíria que designa os imigrantes do Norte da África radicados na França, é uma inversão da palavra *arabe*. (N. do T.)
[5] Gilles Kepel.

como na época da Guerra da Argélia, quando as procuravam entre as organizações nacionalistas. Ou, como na época da Revolução e de Napoleão, quando se organizavam cultos para melhor controlar seus fiéis.

Com a ressalva de que esses mesmos dirigentes não se deram conta de que, ao lado dos núcleos duros, os magrebinos de segunda e terceira gerações eram cada vez menos praticantes. E que a defesa de seus direitos identitários permanece uma salvaguarda, a que lhes resta quando não possuem outras.

Por conseguinte, julgam alguns, não respeitá-los — por exemplo, no que se refere ao uso do véu — é não respeitar o direito a diferença. E investir contra a integração, um resquício colonialista. Ao passo que, na época das colônias, os nativos criticavam precisamente a metrópole e os colonos por não assimilá-los como cidadãos plenos.

De maneira que o antirracismo tornou-se uma defesa do direito de se diferenciar.

Na medida em que os imigrantes são vítimas, a nebulosa das organizações de extrema esquerda julga que estimular sua consciência de pertencer a uma comunidade poderia substituir o que era, para a classe operária, a consciência de classe.

E esses imigrantes teriam assim um papel revolucionário.

Os comunistas se sentiram transtornados quando a classe operária em parte os abandonou, enquanto seus efetivos de origem metropolitana diminuíam; em seguida, a desintegração da URSS teve o efeito devastador de minar todos os fundamentos da ideologia revolucionária: controle da economia pelo Estado, colonização das instituições sociais pelos partidos etc. Acima de tudo, a URSS perdeu a função de fortaleza que, embora desviada, continuava a desempenhar, limitando as possibilidades da burguesia liberal de ignorar as exigências populares, o que garantia a extensão do Estado-providência.

Com efeito, é de fato sem limites o ressentimento dos militantes revolucionários contra o regime soviético e seus herdeiros, que "traíram a revolução mundial na época de Stálin, depois abandonaram os trabalhadores do mundo inteiro à sua sorte". Além disso, redobrou seu ódio a Pútin, que restaurou a economia liberal, aprofundando a humilhação dos que só acreditavam na economia dirigida. Pelo menos eles podem, com a consciência tranquila, condenar a política russa na Chechênia, os chechenos sendo, como outrora os argelinos, vítimas de um novo imperialismo.

E, da mesma forma que em 1954-1960, mantemos os olhos semicerrados diante dos excessos do terrorismo, uma vez que os terroristas são vítimas dos combatentes.

De maneira que hoje, na França, no espírito da esquerda radical, o comunitarismo étnico poderia exercer a função que proporcionava antigamente, para o Partido Comunista, a existência de um proletariado, essa contra a sociedade. Ao substituí-lo, o comunitarismo étnico desempenharia o papel de alavanca revolucionária, com duas condições:

— que a imigração aumente, o que atestaria que o antirracismo converteu-se em imigracionismo;

— que esse comunitarismo seja mais ou menos associado ao islamismo, inimigo efetivo e eficaz do imperialismo.

Durante a revolução islâmica de 1979, Michel Foucault conheceu essa tentação ao elogiar sua pureza. Desde então, outros invocam o modelo americano para legitimar esse comunitarismo, de onde poderia surgir uma forma de multiculturalismo. Isso é esquecer que, nos Estados Unidos, o comunitarismo é patriótico: cada grupo quer ser mais americano que o outro, ao passo que na França as comunidades islamistas comportam-se como estrangeiros na cidade.

Não há como negar que, na França, a instrumentalização do comunitarismo com fins revolucionários repousa numa ilusão. Ainda que os líderes islamistas submetam em primeiro lugar sua própria comunidade (e a política francesa os ajudou nisso), antes de conseguirem impor sua lei ao resto da sociedade não muçulmana — nas escolas, hospitais etc. —, apostemos que a maioria dos magrebinos — diferentemente da situação de há vinte anos onde esta era menos integrada — terá adotado as regras da laicidade, contanto que sejam lealmente aplicadas, em vez de retornar à charia ou participar das aventuras revolucionárias.

Esses dois ressentimentos que dividiam o mesmo quarto irão passar a dormir em quartos separados?

Conclusão

Em *A história anônima*, tentei identificar o espectro dos comportamentos de simples indivíduos, como vocês e eu, diante de uma crise econômica, uma guerra ou uma revolução.

O ressentimento, do qual analisei aqui algumas manifestações na História, seja individual ou coletivo, nasce de uma humilhação, ou de um trauma, que pode ser ocasionado pela extração social, pela fraqueza física também, de maneira geral por um complexo de inferioridade. Gandhi nos confessa o quanto o vigor dos ingleses suscitava admiração e inveja dos indianos.

Circunstâncias excepcionais podem cristalizar o ressentimento, funcionar como estopim, mas não são necessárias para que o homem do ressentimento deixe transparecer seu sofrimento.

Em suas *Notas do subsolo*, Dostoiévski descreveu-o admiravelmente. Um século mais tarde, Albert Camus — adolescente, um mero branco, um vulgar branco, na base da escala social, com um tio deficiente, uma mãe quase analfabeta, ele mesmo pupilo da nação — não pôde deixar de sentir essas humilhações antes de se tornar o homem revoltado. Estava quase no nível dos árabes. Milita, por sinal, tendo se tornado comunista, pelo reconhecimento de seus direitos.

Seu caso nos fornece um exemplo, como o de diversos revolucionários tanto de 1789 quanto de 1917, dos laços que se podem atar entre o ressentimento de um indivíduo e o de uma coletividade. Como um pode vir a representar e exprimir o outro.

Interiorizado, o sofrimento dos homens e das mulheres os rói como um câncer. O ressentimento que ela provoca é precursor da revolta. Ressentimento, *re*volta, *re*volução, esse retorno de uma ferida do passado torna-o mais presente que o presente. Ele falseia a relação da História com o tempo, problema estudado por François Hartog.

As formas dessas *re*ações apresentam características que a análise de suas sociedades permite identificar.

Em primeiro lugar, o ressentimento não é necessariamente associado a uma reivindicação precisa. Decerto, ela pode ser sua companheira de estrada, mas os exemplos de 1789 e 1917 mostram que sua satisfação não apazigua em nada o ressentimento. É porque a longa impotência daqueles que se sentiram vítimas de humilhações returbinou sua agressividade. Em 2001, o ressentimento manifestado pela Al-Qaeda a respeito do mundo ocidental não foi acompanhado de nenhuma exigência, como que para privar seus adversários de qualquer inteligibilidade acerca das ações que suas redes podem perpetrar.

Nisso reside uma das diferenças entre as ações da nebulosa islamista e as dos movimentos palestinos terroristas, cujos objetivos são claramente delimitados: o fim do Estado de Israel.

Na História, o ressentimento foi a matriz das ideologias contestadoras, tanto de esquerda como de direita. As frustrações que o engendraram, tanto as promessas não cumpridas quanto as desilusões ou mágoas infligidas, provocaram uma cólera impotente que lhe deu consistência. O sofrimento de ser pobre, excluído, assim como o medo de se tornar um, estimulou diversos movimentos sociais cuja direção não estava previamente determinada.

"Sim, é preciso que saibam claramente que os mutilados não se consideram párias", escreveu Maurice Leblanc no dia seguinte à Grande Guerra.

> Como? Aqueles que usaram suas pernas para correr para o ataque, uma vez amputados, teriam se distanciado daqueles que viveram no bem-bom? Queremos nosso lugar! Saberemos conquistar esse lugar.

Ora, todos, amputados ou não, conheceram a amargura da difícil reconversão. Astuciosos ao adulá-los, os governos não garantiam aos ex-combatentes os direitos que tinham sobre a nação. Por não terem organizado seu retorno à vida civil, eram condenados ao desemprego. O discurso dos dirigentes tornava ainda mais odioso seu desinteresse por todos esses infelizes. As antigas feridas, recém-cicatrizadas, se reabriram: o ressentimento contra os pusilânimes, a lembrança amarga das folgas, dos deslizes reais ou supostos das mulheres, uniram os ex-combatentes contra a retaguarda. Mas esses ativistas desempregados que marchavam em Londres em 1919, boina na cabeça, engrossariam mais tarde as fileiras do Partido Trabalhista ou reforçaram as tropas fascistas de Mosley? Seja como for, uma coisa era certa, eles mandavam às favas os que repetiam que os ex-combatentes foram ludibriados pelo grande capital e os comerciantes de canhões, que os teriam manipulado como simples marionetes. Essa degradação intensificava sua humilhação e os levava a cerrar fileiras, a legitimar seu sacrifício, a partilhar as ideias nacionalistas.

Se os laços que podem se atar entre o ressentimento individual e o da coletividade constituem de fato uma das características reveladas por essa pesquisa — assim como a ambivalência do sinal da revolta que o ressentimento pode gerar —, impõe-se outra constatação, que não figurava entre nossas hipóteses iniciais: *a reciprocidade dos ressentimentos.*

O ressentimento não é apanágio dos que originalmente identificáramos como vítimas: escravos, classes oprimidas, povos vencidos etc. A pesquisa revela que, simultânea ou alternadamente, o ressentimento pode golpear, inibir, não apenas uma única das partes em questão, mas ambas. O caso de uma reação que se segue a uma revolução é óbvio, mas os percursos desse tipo são múltiplos e variados.

Da mesma forma que nos primórdios do cristianismo a Igreja era perseguida, depois que o Estado a instituiu ela se tornou perseguidora, em particular contra os heréticos. Na outra ponta da História, ao ressentimento dos nazistas contra os judeus, que supostamente impediam a Alemanha de realizar seu destino, e que os levou ao genocídio, responde o ressentimento dos sobreviventes. Há alemães depois da guerra que perdoam os judeus por seus crimes imaginários e ressuscitam em alguns, como Jean Amery, o ressentimento que pretendiam liquidar.

Há acervos que perpetuam essa reciprocidade, sincrônica ou alternada. Devemos a Pierre Nora ter identificado esses lugares de memória [*lieux de mémoire*], quer se trate da Escola ou da Igreja, da comemoração ou da celebração. Mas as festas perpetuam inocentemente o ressentimento, quer se trate de *Moros y Cristianos* no Levante espanhol ou da Paixão revivida anualmente em Oberammergau ou a que promovem os diabos judeus em San Fratello na Sicília.

Desnecessário dizer que determinadas interpretações da História, de que demos exemplos, fazem perdurar os ressentimentos. Apesar de tudo, nem por isso a comunidade dos historiadores, graças aos colóquios que ela multiplica, deixa de contribuir para neutralizar diversas recriminações: entre turcos e armênios, entre os chilenos e seus vizinhos, e, ontem, entre franceses e alemães. Ela soube dar provas de virtudes terapêuticas, na medida em que não é associada à política dos Estados.

As relações entre católicos e protestantes, mesmo serenadas, atestam a permanência e reciprocidade dos ressentimentos. Comprovam isso ainda hoje as denominações estabelecidas de papistas e protestantes.

Todavia, essa reciprocidade não é uma constante. Basta pensar no ressentimento dos camponeses humilhados, estudados anteriormente por Jacques Le Goff. Ele observou que, no Ocidente, o camponês ficou esquecido pela literatura durante aproximadamente oito séculos. Em virtude de sua herança greco-romana, a sociedade da alta Idade Média orgulhava-se do ócio num mundo que vivia do trabalho dos escravos. Quanto à herança judaico-cristã, enfatizava a primazia da vida contemplativa. De acordo com a regra de São Bento, o trabalho manual é uma forma de penitência. Foi preciso esperar o século XIII para que a Igreja canonizasse um camponês. Esses *rustici* eram beberrões, doentes, luxuriosos. Teriam um nome que fosse? Abjetos, eram frutos de um legado muito pesado, do qual conservavam os estigmas quando se tornavam livres, feios, sempre perigosos e analfabetos.

Com o tempo, o camponês interiorizou os traços que lhe pespegaram? Seu ressentimento alimenta-se disso, ele mesmo dissimula a violência de que é objeto de suspeita por parte da sociedade. A menos que a reivindique e que ela exploda.

Esses casos comprovam a necessidade de uma abordagem longa da história social ou política. Eles lembram que Fernand Braudel tinha razão em contestar o recorte do passado em fatias cronológicas. Horizontais, elas não permitem dar conta da densidade e profundidade dos problemas.

Incriminar os outros mediante a autovalorização constitui uma das características típicas do ressentimento. Se o status daqueles que se julgam vítimas é imerecido, os outros são sua origem. Sua dominação e força são ilegítimas, de tal forma são evidentes sua duplicidade e imoralidade. Quer se trate dos vencedores de 1918, que não aplicam senão em benefício próprio o princípio do direito dos povos à autodeterminação. Quer se trate da França, que em 1830 pregou a independência da Bélgica ou da Grécia, não obstante ocupando a Argélia. Quer se trate, hoje, da defesa das liberdades, a de Rushdie, por exemplo, que os mulás perseguem, o que não impede o Ocidente de, nesse ínterim, concluir novos tratados comerciais com o Irã. Essas hipocrisias anulam toda legitimidade de os Estados-nações agitarem suas bandeiras e pretenderem defender os direitos humanos.

Em contrapartida, os povos do ressentimento valorizam sua própria identidade. Quer se trate dos cristãos, que, originariamente, substituem uma moral da bondade e da caridade por uma religião do ritual, defendendo igualmente uma existência depurada de todos os excessos da carne e censurando — como os fundamentalistas muçulmanos hoje em dia — a decadência dos costumes e o excesso de prazeres. Quer se trate dos judeus, por muito tempo vítimas da segregação, que sentem como injustiça, ao passo que valorizam seu próprio passado, regozijando-se por terem sabido salvaguardar suas crenças e sua cultura a despeito de vinte séculos de perseguições. Desse calvário, e de seu ressentimento, surgiu o projeto sionista da criação de uma nação na Terra Santa.

Nos negros americanos, descendentes de escravos, o ressentimento gerou, além da revolta, a convicção redentora de que *Black is beautiful*. E de que as civilizações africanas contribuíram na mesma proporção das outras para o patrimônio da humanidade.

A *reivindicação identitária*, portanto, acabou por se constituir uma das figuras assumidas pelo ressentimento quando as utopias igualitárias fracassaram. Mas ele desapareceria se uma identidade forte se afirmasse? O século XX não forneceu prova disso.

Significaria isso que o ciclo dos ressentimentos nunca chega ao fim? Que nunca nos desvencilhamos dele?

Com a condição de que o movimento seja recíproco, a História antes ensina que ele pode se atenuar e não mais exprimir-se em acessos de fúria insana. Em todo caso, as formas da democracia política — ao mesmo tempo direta e representativa, participativa também —, tais como existem na Europa setentrional, amenizam a violência dos movimentos coletivos, quando não desenraizam os ressentimentos individuais. As práticas da Justiça podem contribuir para isso, com a ressalva de que elas distorcem as queixas das partes em litígio para lhes impor seus próprios hábitos, mascarando assim as frustrações.

A vontade de eliminar esses sobressaltos e esses excessos conseguiu porém algumas magníficas vitórias. Na África do Sul, a magnanimidade das partes em litígio, graças à intercessão da Igreja e das ligas das mulheres, permitiu congelar censuras tricentenárias, controlar os ressentimentos. Esse exemplo foi mais ou menos seguido em outros lugares, em particular no Peru, onde comissões de "paz e reconciliação" puseram fim, parece, aos excessos cometidos pelas partes adversárias, recorrendo a instituições mediadoras, ONGs, entre outras.

É certo, contudo, que tanto as desilusões — que tomaram o lugar das grandes esperanças criadas pela ideia de progresso, cujas promessas não foram cumpridas — como o aperto do garrote imposto pelas consequências da globalização só podem multiplicar os núcleos de ressentimento, como a experiência do século XX mostrou muito bem.

A menos que se os impulsos magnânimos se propaguem, os amanhãs não cantarão.

POSFÁCIO

Memória do exílio: os republicanos espanhóis

Ao fazer o Congresso espanhol aprovar, em 2007, a lei de "memória histórica", o governo de José Luis Zapatero quis exorcizar o ressentimento dos vencidos da Guerra Civil Espanhola, reabilitando seus mortos.

O Parlamento já reconhecera o caráter de "golpe de Estado" da tomada de poder de Franco. E deu um passo a mais, o que já reivindicavam há décadas os que foram obrigados a conhecer um duplo exílio: um exílio interior, para aqueles que, terminada a guerra, conseguiram escapar da repressão; e um exílio longe da pátria, para aqueles que, em 1939, por ocasião da retirada (a *Retirada*) haviam se refugiado na França, na Argélia, ou ainda no México.

Como acontece amiúde, enquanto os vencidos do interior foram compelidos ao silêncio, os exilados puderam perpetuar a memória de seu combate e até mesmo prossegui-lo, o que haviam tentado antigamente os irlandeses do Canadá na época dos fenianos.[1]

Vencidos na esteira de um conflito que havia sido uma verdadeira "guerra de extermínio" e feito cerca de 400 mil mortos, os

[1] Exilados nos Estados Unidos, os irlandeses criaram em 1866 um "exército de libertação", pretendendo conquistar o Canadá; eles ocuparam Fort-Erié e incitaram o Canadá a se tornar independente, tendo como objetivo provocar lá uma revolução simultânea a um levante da Irlanda. Esperavam dessa forma que os Estados Unidos entrassem em guerra contra a Inglaterra ou, pelo menos, reconhecessem a República da Irlanda.

republicanos espanhóis conheceram um percurso que reforçou ainda mais sua necessidade de revanche: pois sofreram desilusões em cima de desilusões.

Sua impotência no exílio só podia alimentar sua amargura, seu ressentimento.

O êxodo para a França efetuou-se em condições totalmente improvisadas, de tal forma o governo Negrín subestimou a amplitude de sua derrota. Este omitiu-se por não advertir claramente Paris, que julgou que esses exilados, civis ou militares, seriam apenas algumas dezenas de milhares. O governo francês reagiu então em regime de urgência, ao passo que, sozinhas, as primeiras levas foram de mais de 120 mil pessoas precipitando-se por ocasião da *Retirada* de 1938-1939.

Do lado francês dos Pireneus, já reinava a guerra civil franco-francesa, em outros termos Vichy antes de Vichy: por mais favorável que fosse, oficialmente, aos republicanos espanhóis, o governo Daladier tratou rudemente os exilados, logo confinados em campos de concentração — Argelès, Gurs etc. A rapidez e a brevidade do fenômeno eram inauditas, "a pororoca humana, imenso e patético formigueiro, multidão heterogênea e díspar, humanidade pesadelesca", diz Albert Sarraut durante sua irrupção em pleno inverno.

Improvisação e urgência não explicam a natureza da acolhida — uma vergonha —, quando os exilados sentiram-se tratados "como gado". Os franceses eram influenciados por uma propaganda estimulada por periódicos como *Gringoire* e *Candide*, que tratavam esses exilados como "os animais carnívoros da Internacional" e "a ralé dos pardieiros e das cadeias". De maneira que, obcecados com a segurança interna, as disposições tomadas refletiram o medo do surto do contágio mais do que a preocupação com a hospitalidade. A guerra mal havia terminado, e em Marselha, em novembro de 1940 — onde muitos refugiados tentavam embarcar para o México —, "os espanhóis eram alvo dos nossos serviços", diz um relatório da polícia. E continua:

> Alguns tiveram uma participação não apenas militar, como também criminosa, nos acontecimentos de seu país... Sua manutenção em liberdade pode representar uma grande ameaça à ordem social... Foram entregues à autoridade militar do campo de concentração de Saint-Cyprien.

Vencidos, duas vezes humilhados — a derrota e a acolhida que a República francesa, depois Vichy, lhes reserva —, os exilados chocam, na França, pela paixão política que continua a entusiasmá-los, ao passo que, com o regime de Pétain e a Ocupação, a população francesa permanece amorfa e na expectativa.

Compelidos ao silêncio pelo regime de Vichy, a maioria dos exilados substitui prisioneiros nas fábricas e nos campos. Embora grande parte dos líderes abandone toda atividade política, sua vontade de agir não esmorece; recusam a derrota, e a da França reforça sua ideia de que a vitória das democracias será sua revanche. Participam da resistência armada dos primeiros *maquis* e, só em Toulouse, são três mil espanhóis entre as FFI (Forças Francesas do Interior) que De Gaulle passa em revista em setembro de 1944. Mas eles constatam com amargura que os Aliados poupam Franco, que soube permanecer neutro nas horas difíceis do conflito. Ao passo que nos Estados Unidos Roosevelt manifestara recentemente sua simpatia para com os republicanos, notadamente apoiando a produção de filmes que lhes eram favoráveis — como *Três camaradas*, de Mankiewicz, ou *O último trem de Madri*, de Borzage, ou ainda *Por quem os sinos dobram*, adaptação de Hemingway que Sam Wood aliás desviou de seu sentido original, que era pró-republicano —, mas tudo isso não passava de cinema.

No fim de 1946, o início da Guerra Fria anuncia o fim das ilusões para aqueles arrebatados pela chama republicana. A Espanha de Franco torna-se uma parceira "do campo da liberdade". Essa mudança abre, como a caixa de Pandora, a era dos rancores e ajustes de contas entre os participantes republicanos da guerra civil, acusados retroativamente pela responsabilidade da derrota — stalinistas, trotskistas, anarquistas, socialistas —, processo alimentado por sua impotência perante a irreversibilidade da vitória franquista. Um pouco mais tarde, a execução do comunista Julian Grimau e do anarquista Joaquín Delgado em 1962 — depois de milhares de outros logo após 1939 — atesta a vontade do regime de dar as costas à reconciliação com esses exilados, cuja expectativa e vã esperança foram retratadas por Jorge Semprun e Alain Resnais em *A guerra acabou* (1966). Seu ressentimento continuava fermentando, mas é claro que os combates não fazem mais sentido, o que comprova a expedição frustrada do Val d'Aran.

Além disso, no exílio argelino, as circunstâncias desse ressentimento se embaralharam: julguem.

Depois do fim da guerra da Espanha, milhares de exilados republicanos, sobretudo na Orânia, mantinham viva a chama do antifranquismo. Ora, com a insurreição argelina, eles se aliam aos franceses e outros europeus, dispostos, no que se refere a uma parte dessa população, a simpatizar mais ou menos com a OAS (*Organisation Armée Secrète* [Organização Armada Secreta]). Isto é, com aqueles que pedem ajuda a Franco. Na primavera de 1961, ao ir à Espanha para obtê-la, o general Salan ouve Serrano Suner, cunhado do Caudilho, dizer-lhe que se preocupa "com a ausência de ferocidade desses militares franceses que não fuzilam nem sequer seus inimigos capturados" (citado por Remi Kauffer, *OAS histoire d'une guerre franco-française*, 2002).

Vinte anos depois da guerra civil, essa observação revela claramente o ponto de vista de um dos líderes franquistas, para quem toda ideia de reconciliação com os vencidos está descartada.

Mas qual não terá sido o dilema desses republicanos divididos entre sua gratidão por aqueles que os haviam bem-recebido na Argélia, e aos quais haviam se integrado, e sua fé republicana, de hostilidade ao fascismo, que havia sido sua razão de ser?

Para sorte deles, a vitória de De Gaulle sobre os motins eximiu-os de terem que resolver esse dilema...

Com a morte de Franco, em 1975, depois a entrada da Espanha na construção europeia, graças à ação de seu rei que nela enraíza a democracia, os espanhóis conhecem um surto econômico excepcional e uma mutação social e cultural — a *Movida* — como poucas sociedades o fizeram. Por uma espécie de pacto tácito, um silêncio recobre os dramas do passado, a ponto de se julgarem extintas suas últimas brasas. A propósito, o governo socialista contribuiu para isso, decepcionando os que na Espanha ou nos santuários republicanos — por exemplo, em Figeac, na França — esperavam que finalmente os mortos republicanos tivessem direito às honras de uma sepultura.

Novembro de 2007. Sessenta e nove anos após o fim da guerra civil, e 32 após a morte do general Franco, essa reabilitação das vítimas do franquismo é acompanhada pela condenação "de um regime totalitário contrário à liberdade e à dignidade de todos os cidadãos".

Por outro lado, isso não satisfez plenamente a memória republicana, pois os sobreviventes reivindicavam que as condenações enunciadas pelos franquistas fossem declaradas "ilegais", e não meramente "ilegítimas".

Quanto à Igreja, pela voz do papa Bento XVI, escolheu esse momento para homenagear um coletivo de mártires, 498 padres massacrados pelos republicanos durante a guerra civil e que foram beatificados. Naturalmente alguns já o haviam sido, sucessivamente, durante esses 69 anos, mas não em massa.

Como se ela quisesse ressuscitar hoje o espírito da guerra civil e da repressão e não conceder aos republicanos a primazia de serem os primeiros a lembrar os sofrimentos que eles também haviam padecido.

Como se os antigos vencedores jamais pudessem aceitar que os vencidos exprimissem seu ressentimento com exclusividade.

Bibliografia

Os algarismos entre parênteses remetem aos capítulos correspondentes: (1), (2), (3), (4). O algarismo (0) remete à Introdução. Paris, local da edição, é sistematicamente omitido.

AGULHON Maurice. *Les Quarante-Huitard.* Archives Gallimard, 1975. (2).

Allemagne nazie et le genocide juif, sob a direção de François Furet e Raymond Aron. Hautes Études-Gallimard-Seuil, 1983. (2)

AMERY, Jean. *Par-delà le crime et le châtiment.* Babel, 1995. (1)

"Ancien régime et révolution: interprétation", apresentação de François Furet, os artigos de Le Roy Ladurie, Bien, Vovelle, Andrews, Annales. ESC, 1, p.1-139, 1974. (2)

ANDERS, Wladyslaw. *Mémoires (1939-1946).* La Jeune Parque, 1948. (3)

ANGENOT, Marc. *Les Idéologies du ressentiment.* XYZ, Montréal, 1996. (0)

BACHARAN, Nicole. *Histoire des Noirs américains au XX*[e] *siècle.* Complexe, 1994. (4)

BALDWIN, James et al. T*he Negro Protest.* Boston, 1963. (4)

BASLEZ, Marie-Françoise. *Les Persécutions dans l'Antiquité, victimes, héros, martyrs.* Fayard, 2007. (1)

BEAUVOIS, Daniel. *Histoire de la Pologne.* Hatier, 1995. (3)

BENJAMIN, Walter. *"Thèses sur le concept d'histoire, 1939", Les Temps Modernes,* t.2, nº25, out 1947, p.623-634. (0)

BENSOUSSAN, Georges. *Une histoire intellectuelle et politique du sionisme, 1860-1940.* Fayard. (1)

BERANGER, Jean. *Histoire de l'Empire des Habsbourg.* Fayard, 1990. (3)

BERCÉ, Yves-Marie. *Croquants et Nu-Pieds.* Archives, 1974. (2)

BESANÇON, Alain. "Dostoievski", in *Personnages et caractères,* sob a direção de E. Le Roy Ladurie. PUF, 2004. (2)

BLANCHARD, P., Bancel, N., Lemaire, S. *La Fracture colonial, la société française au prisme de l'héritage colonial.* La Découverte, 2005. (4)

BLUCHE, Frédéric e Rials, Stéphane. *Les Révolutions françaises.* Fayard (em especial os artigos de Bluche, Rials e Antonetti), 1989. (2)

BOUREAU, Alain. "L'inceste de Judas, essai sur la genèse de la haine antisémite au XXᵉ siècle", *Penser Rêver, Revue de Psychanalyse, 7. Retours sur la question juive.* Primavera de 2005. (1)

BROWN, Peter. *Pouvoir et persuation dans l'Antiquité tardive: vers un Empire chrétien.* Seuil, 1998. (1)

BURGAT, François. *L'Islamisme en face.* La Décourverte, 2002. (4)

BURRIN, Philippe. *Hitler et les Juifs, Genèse d'un genocide.* Seuil, 1989. (2)

BURRIN, Philippe. *Ressentiment et apocalypse. Essai sur l'antisémitisme nazi.* Seuil, 2004. (2)

CAMARA, Laye. *Le Maître de la parole.* Plon, 1978. (4)

CARRÈRE d'Encausse. *Hélène, Le Grand Frère.* Flammarion, 1982. (2)

CHARTIER, Roger. *Les Origines culturelles de la Révolution française.* Seuil, 2000. (2)

CINNELLA, Ettore. "État 'prolétarien' et science 'bourgeoise': les specs pendant les premières années du pouvoir soviétique", *Cahiers du monde russe et soviétique.* 1991, vol.32, nº4, p.469-501. (2)

CLARK, Kenneth. *Ghetto noir.* prefácio de G. Myrdal, Payot, 1966. (4)

CLAVREUL, Jean. *Le Désir et la loi, Denoël* (o capítulo sobre O mercador de Veneza, p.115-141), 1987. (1)

"Color and Race", Daedalus, primavera de 1967, em especial os artigos de Philip Mason e Edward Shils. (4)

COOLEY, John. *Unholy Wars, Afghanistan, America and International terrorism.* Londres, Pluto Press, 1999. (4)

COTTIAS, Myriam. "L'oubli du passé contre la citoyenneté: troc et ressentiment à la Martinique (1848-1946)", in Fred Constant e Justin Daniel, 1946-1996, *Cinquante Ans de départamentalisation outre-mer.* L'Harmattan, p.293-313. (4)

COURTOIS, Stéphane (sob a direção de). *Une si longue nuit, l'apogée des régimes totalitaires.* éd. du Rocher, em especial o artigo de Andrezej Packowski sobre a Polônia. (2)

CRANSAHW, Edward. *La Chute des Habsbourg.* Gallimard, 1963. (3)

CROUZET, François. *De la supériorité de l'Angleterre sur la France, l'économique et l'imaginaire.* Prefácio de Pierre Chaunu, Perrin, 1999. (3)

DAIX, Pierre. *La Crise du PCF.* Seuil, 1968. (4)

DAVIES, Norman. *Histoire de la Pologne.* Fayard, 1986. (3)

DIECKHOFF, Alain e KASTORYANO, Riva. *Nationalismes en mutation en Mediterranée orientale.* CNRS, 2007. (4)

DOSTOIÉVSKI, Fiódor. *Notas do subsolo e O grande inquisidor.* Rio de Janeiro: PocketOuro, 2009. (0)

DOYLE, William. *Des origines à la Révolution française.* Calmann--Levy, 1998. (2)

DUCHET, Claude e DE COMARDON. *Racisme et société.* Maspero, 1969 (coletivo). (4)

DURANDIN, Catherine. *Révolution à la française ou à la russe.* PUF, 1989. (2)

ERTEL, Rachel. *Le Shtetl, la bourgade juive en Pologne.* Payot, 1982. (1)

"Êtes-vous ressentimental?", *La Célibataire, revue de psychanalyse,* 5, verão-outono de 2001, em especial os artigos de Charles Melman, Cyril Veken, Hélène L'Heuillet. (0)

FAVRET-SAADA, Jeanne (em colab. com Josée Contreras). *Le Christianisme et ses Juifs.* 1800-2000, Seuil, 2004. (1)

FERRO, Marc. *Histoire de France.* Odile Jacob, 2001-2003. (3)

FERRO, Marc. *O choque do Islã.* Brasília, Bibliex, 2008. (4)

FERRO, Marc. *Les Origines de la Perestroïka.* Ramsay, 1990. (2)

FERRY, Luc. *Aprender a viver.* Rio de Janeiro, Objetiva, 2008. (1)

FITZPATRICK, Sheila. "The Bolschevik dilemma: class, culture and politics in the early Soviet Years", *Slavic Review.* 1988, vol.47, nº4. (2)

FROMM, Erich. *La Peur de la liberté.* Buchet, Castel, 1963. (0)

FURET, François e OZOUF Mona. *Dictionnaire critique de la Révolution Française.* Flammarion, 1988, ler em especial, além de Furet e Ozouf, Bronislaw Baczko, David D. Bien, Patrice Gueniffey, Marcel Gauchet, Ran Halevy. (2)

GAUCHET, Marcel. *La Condition historique. Entretiens avec François Azouvi et Sylvian Piron.* Stock, 2003. (0)

GREEN, Nancy L. "Juifs et Noirs aux États-Unis, la rupture d'une alliance naturelle". *Annales.* ESC, 2, p.445-465, 1987. (4)

GROSS, Jan T. *Les voisins, 10 juillet 1941, un massacre de Juifs en Pologne.* Fayard, 2002. (1)

GURJANOV, Alexander. "Soviet repressions towards Poles and Polish citizens in 1936-1956 in the light of soviet documents", *Europa Nie prowincjonalna.* Pod. Red. Krysztofa Jasiewicza, Varsóvia e Londres, 2000. (3)

HAMANN, Brigitte. *La Vienne d'Hitler.* Éd. Des Syrtes, 2001. (3)

HARTOG, François. *Régimes d'historicité, présentisme et expérience du temps.* Seuil, 2003. (0)

HEGEL, G.W.F. *L'Esprit du christianisme et son destin,* precedido de *L'Esprit du judaïsme* (1795-1799). Vrin, 2003. (0)

HIRSH, Jean-Pierre. *La Nuit du 4 août.* Archives Gallimard, 1978. (2)

Honour and Shame, the Values of Mediterrean Society. Londres, Weidenfeld, Peristiany J.G., (em especial o artigo de Caro Baroja), 1965. (1)

Identités de L'Europe central, sob a direção de Michaël Maslowski, Instituto de Estudos Eslavos, 1996. (3)

JACQUARD, Roland e ATMANE, Tazaghart. B*en Laden, la destruction programmée de l'Occident.* Jean Picollec, 2004. (4)

JEISMANN, Michaël. *La Patrie de l'ennemi, la notion d'ennemi national et la représentation en Allemagne et en France de 1792 à 1918.* CNRS, 1997. (3)

JORDAN, June. *Afro-American Poetry.* Nova York, Zenith Books, 1970. (4)

KAPLAN, Lawrence (org.) *Revolutions, a Comparative Study.* Nova York, 1972. (2)

KENDE, P. e POMIAN K. *Varsovie-Budapest, 1956.* Seuil, 1978. (3)

KEPEL, Gille. *Jihad, expansion et déclin de l'islamisme.* Gallimard, 2000. (4)

KERSHAW, Ian. *Qu'est-ce que le nazisme?* Gallimard, 1992. (2)

KLIUCHEVSKY, Vasilii. *A History of Russia.* 5 vols., Londres, 1955. (2)

KRIEGEL, Maurice. "Les Juifs", in *Le Goff-Schmitt,* p.569-587. (1)

LABORIE, Pierre. *Les Français des années troubles.* Desclée de Brouwer, 2001. (2)

LANGMUIR, G.I. "L'absence d'accusation de meurtre rituel à l'ouest du Rhône", in *Juifs et Judaïsme en Languedoc, Cahiers de Fanjeaux.* Privat, 1977. (1)

LAURENS, Henri. *La Question de la Palestine.* Fayard 2 vols., 1999 e 2002. (4).

LE GOFF, JACQUES e SCHMITT, Jean Claude. *Dictionnaire raisonné de l'Occident médiéval.* Fayard, 1999. (1)

LEFRANC, Georges. *Le Mouvement socialiste sous la IIIe République (1875-1940).* Payot, 1963. (2)

LEPELLEY, Claude. *L'empire romain et le christianisme.* Flammarion, 1969. (1)

LEVESQUE, Jacques. *1989, la fin d'un Empire, l'URSS et la libération de l'Europe de l'Est.* Presses de la FNSP, 1995. (3)

LEWIS, Bernard. *Le Retour de l'Islam.* Gallimard, 1985. (4)

LEWIS, Bernard. *Race et couleur en pays d'Islam.* Payot, 1982. (4)

MARTINEZ-GROS, Gabriel e VALENSI, Lucette. *L'Islam en dissidence, genèse d'un affrontement.* Seuil, 2004. (4)

MEDDEB, Adelwahab. *La Maladie de l'Islam.* Seuil, 2002. (4)

MELE, Giannarita. "Théorie et organisation des pratiques culturelles à l'époque du Proletkult", in F*erro e Fitzpatrick, Culture et Révolution.* EHESS, 1989, p.41-71.

MOMMSEN, Hans. *Le national-socialisme et la société allemande.* MSH, prefácio de H. Rousso, 1997. (2)

MOSCOVICI, Serge. "Le ressentiment, suivi d'extraits d'interviews". *Le Genre Humain.* outono-inverno de 1984-1985, p.179-206. (0)

MURRAY, Frame. "Censorship and control in the Russian imperial theatres during the 1905 Revolution and its aftermath", *Revolutionary Russia,* vol.7, dezembro de 1994, p.164-192. (2)

NGOUPANDÉ, Jean-Paul. *L'Afrique face à l'Islam.* Albin Michel, 2003. (4)

NICOLAS, Jean. *La Rébellion française: mouvements populaires et conscience sociale,* 1661-1789. Seuil, 2005. (2)

NIETZSCHE, Friedrich. Genealogia da moral (1887). São Paulo, Companhia das Letras, 1998. (0)

NIETZSCHE, Friedrich. *O gaio saber* (1882). Abril Cultura, col. Os Pensadores, São Paulo. (0)

NOLTE, Ernst. *Les Mouvements fascistes, L'Europe de 1919 à 1945.* Prefácio de Alain Renaut, Calmann-Lévy, nova edição 1991. (2)

NOTIN, Jean-Christophe. *La Campagne d'Italie. Les victoires oubliées de la France (1943-1945).* Perrin, 2002. (3)

ORY, Pascal. *La France allemande (1933-1945). Paroles de collaborationnisme.* Archives-Gallimard, 1977. (2)

PERISTIANY, J.G. e Pitt-Rivers, Julian. *Honor and Grace in Anthropology.* Cambridge University Press, 1992. (1)

PÉTRÉ-GRENOUILLEAU, Olivier. *Les Traites négrières.* Gallimard, 2004. (4)

PIGANIOL, André. *L'Empire chrétien.* PUF, 1944. (1)

POLIAKOV, Léon. *Le Mythe arien.* Calmann-Lévy, 1971. (1)

POLIAKOV, Léon. *Histoire de l'antisémitisme.* Calmann-Lévy, 3 vols., 1968. (2)

POMIAN, Krzysztof. *Pologne, défi à l'impossible: de la révolte de Poznan à Solidarité.* Éd. Ouvrières, 1982. (3)

POPOVITCH, Alexandre. "La Révolte des Zandj", *Cahiers de la Méditerranée.* vol.65. (4)

POPOVITCH, Alexandre. *La Révolte des Zandj.* EHESS, 1976. (4)

RAWLS, John. *A Theory of Justice.* Oxford, p.530-541, 1971. (0)

REBILLARD, Eric. "La conversion de l'Empire romain selon Peter Brown", *Annales HSS,* 4, p.813-823, 1999. (1)

REIMANN, Viktor. *Joseph Goebbels.* Flammarion, 1973. (2)

RENÉ-CHARDAVOINE, Monique. *La Croisade albigeoise.* Archives--Gallimard, 1979. (1)

Révolte et société, apresentação por Philippe Jansen, 2 vols., 1989, Histoire au Présent, Sorbonne (em especial os artigos de A. de Baecke e Rémi Puech). (2)

RINGEL-FAYARD, Emmanuel. *Archives clandestines du ghetto de Varsovie.* BDIC, 2 vols. (2)

ROVAN, Joseph. *Histoire de l'Allemagne.* Seuil, 1999. (3)

ROWAN, Carl T. *Just between Us, Blacks, Nova York,* Random House, 1974. (4)

ROY, Olivier. *L'Échec de l'islam politique.* Seuil, 1992. (4)

RUPNIK, Jacques. *L'Autre Europe, crise et fin du communisme.* Odile Jacob, 1990. (3)

SCHELER, Max. *L'Homme du ressentiment (1887).* Gallimard, 1933. (0)

SCHELER, Max. *Le Sens de la souffrance (1916).* Gallimard, 1945. (0)

SCHERRER, Jutta. "Pour l'hégémonie culturelle du prolétariat: aux origines du concept de culture prolétarienne", in *Ferro e Fitzpatrick,* Culture et Révolution. EHESS, 1989, p.11-25.

SCHNAPP, Alain e VIDAL-NAQUET, Pierre. *Jornal da comuna estudantil, textos e documentos.* Setembro de 1967, junho de 1968, Seuil, 1969. (2)

SCHORSKE, Carl E. *De Vienne et d'ailleurs.* Fayard, (3)

SERMET, Vincente. *Musique soul et funk en France, Histoire et cultures de 1960 à nos jours.* Tese defendida na Universidade de Marne-la-Vallée, sob a orientação de Sylvie Dallet, 2006. (4)

SETON Watson, Hugh. *The East European Revolution.* Londres, 1956. (3)

SHILLER, Robert J. "La nouvelle lutte des classes", *Le Monde-économie,* VI, 6 de fevereiro de 2007. (2)

SILLER, Javier Perez (coletivo). *La Découverte de l'Amérique? Les regards sur l'autre à travers les manuels scolaires.* L'Harmattan--George Eckert Institut, prefácio de Marc Ferro, apresentação de Rainer Riemeschneider, 1992. (4)

SIMMEL, Georg. *Le Conflit.* Circé Poche, 2000-2003. (0)

STERN, Fritz. *Dreams and Desilusions. National Socialism in the Drama of the German Past.* Vintage, 1989. (2)

STERN, Fritz. *The Politics of Cultural Despair. A Study in the Rise of The Germanic Ideology.* University of California Press, 1974. (2)

STERNHELL, Zeev. *Ni droite ni gauche, l'idéologie fasciste en France.* Complexe, nova ed. 2000. (2)

STORA, Benjamin. *La Guerre invisible, Algérie, années 90.* Presses des Sciences-Politiques, 2001. (4)

SUFFERT, Georges. "Crise dans l'armée", *Esprit*, p.819-820, maio de 1957. (0)

TACKETT, Timothy. *Par la volonté du peuple. Comment les deputés de 1789 sont devenus révolutionnaires.* Albin Michel, 1996. (2)

TOYNBEE, Arnold J. *La Religion vue par un historien.* Gallimard, 1963. (0)

VERMEIL, Edmond. *Doctrinaires de la révolution allemande, 1918--1938.* Sorlot, 1939. (2)

VEYNE, Paul. *Le Pain et le cirque.* Seuil, 1975. (1)

VEYNE, Paul. *Quand notre monde est devenu chrétien (312-394).* Albin Michel, 2007. (1)

VIATTEAU, Alexandra. *Katyn, l'armée polonaise assassinée.* Complexe, 1982. (3)

VUCKOVIC, Nadja. "Qui demande des réparations et pour quel crimes?", in Marc Ferro, *Le Livre noir du colonialisme, XVIe siècle: de l'extermination à la repentance.* p.762-787, Robert Laffont, 2001. (4)

WEIL, François. *Histoire de New York.* Fayard, 2000. (4)

WEIL, Patrick. *La France et ses étrangers, 1938-1991.* Calmann-Lévy, 1991. (4)

WERTH, Nicolas. "Un État contre son people", in *Le Livre noir du communisme,* sob a direção de Stéphane Courtois, Robert Laffont, 1997. p.49-299. (2)

WIEVIORKA, Michel. *Sociétés et terrorisme.* Fayard, 1998. (4)

WINOCK, Michel. *La France et les Juifs.* Seuil, 2004. (2)

YASSINE, Abdelsalam. *Islamiser la modernité.* Al Ofok, 1998. (4)

YONNET, Paul. "Rock, pop, punk, masques et vertiges du people adolescent", *Le Débat,* p.133-156, 25 de maio de 1983. (4)

YONNET, Paul. *Voyage au centre du malaise français, l'antiracisme et le roman national.* Gallimard, 1993 (4)

ZARKA, Yves-Charles. "L'Islam en France", in Yves-Charles Zarka, Sylvia Taussig, Cynthia Fleury, Cités. PUF, 2004. (Ver também os artigos de Olivier Roy, Giles Kepel e Alexandre Adler). (4)

ZEGHAL, Malika. *Gardiens de l'islam, les oulemas d'Al Azhar.* Presses des Sciences-Politiques, 1996. (4)

ZERNER, Monique. "Hérésies", in *Le Goff-Schmitt,* p.464-481. (1)

ZUNZ, Olivier. *Le Siècle américain.* Fayard, 2000. (4)

Índice

A

Abetz, Otto, 109,112
Acton, lorde, 116
Adenauer, Konrad, 147,152
Adúltera, 10
Ahmadinejad, Mahmud (presidente do Irã), 169
Aït Ahmed, Hocine, 179
Al Da'wa, 183
Al Mutadid, califa, 154
Albigense, 35
Alerta no Mediterrâneo, 146
Alexander, general, 120
Alexandre III, 129
Alexandre, II, czar (1855-1881), 28, 72
Ali Ibn Mohammed, 154
Alibert, Raphaël, 102,109
Al-Qaeda (organização islâmica), 7, 192
Amery, Jean (escritor), 33, 194
An American Dilemma, 157
Anders, general, 119, 120
Arafat, Yasser, 182, 186
Ário (280-336), 20
Aron, Raymond, 85
Assad, Hafiz Al , 183
Ataturk, Kemal, 181, 183
Auriol, Vincent, 147
Autant-Lara, Claude (cineasta), 10
Aznavour, Charles, 151

B

Babeuf, François-Noël, 42
Baecke, Antoine de, 43
Bailly, Jean-Sylvain, 49
Bakunin, Mikhail, 58
Baldwin, James, 160
Balmont, 73
Baudouin, Paul, 101
Barbès, Armand, 128
Bark, 63
Barnave, Pierre, 47
Baroja, Caro (historiador), 17
Barrault, Jean-Louis, 87
Barrès, Maurice, 39, 90
Barthes, Roland, 85
Basin, Thomas, 143
Baslez, Marie-Françoise (historiadora), 21, 22
Basra, Jahis de, 154
Bauberot e Zuber (sociólogos), 39
Bauer, Otto, 137
Beethoven, Ludwig van, 150
Begin, Menahem, 183
Ben Bella, Ahmed (n.1916), 13, 179
Benedek, Laszlo, 84
Benkedda, Ben Youssef, 179
Bergasse, Nicolas, 47
Bergery, Gaston, 109
Beria, Lavrenti, 119, 122
Berry, Chuck, 162
Besançon, Alain, 62, 148

Beust, 140
Biauzat, Gaultier de, 47
Biely, 74
Bin Laden, Osama (líder da Al-Qaeda), 7, 181, 182
Bismarck (chanceler), 149,151
Bissette, 158
Blanc, Louis, 128
Blanqui, Auguste, 128
Bloch, Marc, 87
Blok, A., 75
Blum, Léon, 100, 107, 108
Boegner (pastor), 39
Bogdanov, Alexandre, 78
Bolchevismo de Moisés a Lênin, O (Marx & Eckart), 96
Bolívar, Simon, 166
Bonaparte, Napoleão, 12, 99,128, 137, 144, 146, 149, 150, 151, 188
Bonch-Bruyevitch, V.D., 73
Bonnet, Georges, 109
Borgeaud, Henri, 176
Boris Godunov (ópera), 75
Bormann, Martin, 97
Boumediene, Houari, 179, 184, 186
Bourdieu, Pierre, 85
Boureau, Alain (historiador), 25
Bové, José, 37
boxers, 169
Brahms, Johannes, 150
Brancas, duquesa de, 46
Brando, Marlon, 84
Brandt, Willy, 33
Brasillach, Robert, 112
Braudel, Fernand, 196
Brejnev, Leonid, 183
Briand, Aristide, 102,152
Brooks, Richard, 162
Brown, Clarence, 159
Brück, Moeller van der, 93, 94
Brutus (85-42 a.C.), 17
Bukharin, Nicolai, 66
Bulgakov, Mikhail, 73
Burrin, Philippe (historiador), 94
Bush, George W., 131

C

Calígula (imperador, 37-41), 21
Campmas, 47
Camus, Albert (1913-1960), 9, 49, 179, 191
capetos, dinastia dos Carlos, 35, 142
Carlos o Calvo, 154
Castro, Fidel, 169, 186
cátaros, 35, 36
Catilina, Sergius (108-162), 16
Cavaleiros Teutônicos, 35
Cayatte, André, 151
Ceddo, 156
Céline, Louis-Ferdinand (1894-1961), 9
César, Júlio (101-44 a.C.), 16, 17
Chabrol, Claude, 84
Chaliapin, Fiódor, 75, 76
Chamberlain, Houston, 96
Chambord, conde de, 46
Chaplin, Charlie (1889-1977), 18
Chaucer, Geoffrey, 143
Chávez, Hugo, 169
Cheysson, Claude, 130
Chirac, Jacques, 131, 178
Chljapnikov, A., 80
Chomsky, Noam, 170
Choque do Islã, O [Ferro], 183
Churchill, Winston, 121, 132, 145, 146
Ciano, conde, 111
Cícero, Marco (106-43 a.C.), 16, 21
Cirilo (grão-duque), 63
Citeaux, abade de, 35
Clark, Kenneth, 159
Clavreul, Jean (psicanalista), 27
Cleaver, E., 163
Clemenceau, Georges (1841-1929), 11, 115, 133
Clouzot, Henri, 113
Cômodo (imperador de 180 a 192), 19

Condorcet, Marie, 49, 54, 71
Constant, Benjamin, 147
Constantino (imperador de 306 a 337), 19, 20, 22, 24, 34
Conyers, John, 164
Cottias, Myriam, 158
Crasso (formou o triunvirato com César e Pompeu, 114-53), 16
Croce, Benedetto, 91
Curzon, linha, 118, 130
Czyrek, 130

D

Daladier, Édouard, 102, 103, 107, 200
Danton, Georges, 48, 51, 71
Darlan (almirante), 101, 109
Darnand, Joseph, 105, 113
Davis, Angela, 163
Dean, James, 83, 84
Déat, Marcel, 102, 103, 105, 106, 107, 108, 109, 110, 111
Debussy, Claude, 151
Deloncle, Eugène, 110
Deng Xiao-Ping, 167
Desgosto e a piedade, O, 152
Desmoulins, Camille, 48
Diários de trincheira, 10, 11
Diários íntimos, 147,
Diderot, Denis, 149
Diocleciano (imperador de 284 a 305), 21, 22
Djebar, Assia, 180
Djerjinski, Felix, 68, 69
Dollfuss (chanceler), 134
Donato (m.355), 20, 23
Doriot, Jacques, 102, 105, 109, 110
Dostoiévski, Fiódor, 9, 62, 73, 191
Dreyfus, caso, 39, 90
Dubcek, Alexandre, 126
Dubois-Crancé, Louis, 47
Dupleix, Joseph, 144

E

Eckart, Dietrich, 96
Edito de Nantes, 36
Eisenhower, Dwight D. (general), 160, 161
Eisner, Kurt, 93
Elisabeth I (rainha da Inglaterra), 143
Erasmo (1469-1536), 27
Erzberger, Mathias, 93
Espártaco, revolta de, 15, 16, 154
Espartaquistas, 95
Esprit (revista fundada em 1932 por Emmanuel Mounier), 11, 151
Esboço de um panorama do espírito humano, 54
Essenin, Serguei, 75
Europa e a Revolução Francesa, A (1904, Albert Sorel), 115

F

Fanon, Frantz, 157, 172, 173
Faruk, rei do Egito, 182
Fauchet, abade, 53
Favret-Saada, Jeanne (historiadora), 31
Febvre, Lucien, 87
Fehrat Abbas, 177, 179, 186
Felipe II da Espanha, 143
Fernandel, 151
Ferry, Jules, 115
Fichte, Johann, 149
Fields, W.C. (1879-1946), 18
Filoche, Gérard, 187
Flaco (prefeito na época de Calígula), 21
FLN (Frente de Libertação Nacional, Argélia), 12, 167, 177, 178, 179
Foucault, Michel, 189
Fouquier-Tinville, Antoine, 68
França de Vichy, A, 105, 152
Francisco I (rei, 1515-1547), 36
Francisco José, 136, 139, 140, 141
Freud, Sigmund, 137

Freycinet, Charles, 39
Fukuyama, Francis, 153

G

Gaivota, A, 72
Gallot, 47
Gamelin (general), 100, 129
Gandhi, Mahatma, 191
Garaudy, Roger, 183
García, Federico, 166
Garibaldi, Giuseppe, 139
Garvey, Marcus, 160
Gasperi, Alcide de, 147
Gaulle, Charles De (1890-1970), 13, 129, 145, 152, 178, 201
Genealogia da moral, 8
Genocídio dos armênios, 8
Gierek, Edward, 124
Giscard d'Estaing, Valéry, 186
Gobineau, Joseph, 96
Godard, Jean-Luc, 84
Godnev, I.V., 48
Goebbels, Joseph, 94, 95, 96, 97, 98, 134
Goering, Hermann, 94
Goethe, Johann, 149, 150
Goluchovski, 140
Gomulka, Wladyslaw, 126
Gonzalo (*ver* Guzmán, Abimael), 167
Gorbatchev, Mikhail, 122, 126, 127
Gorki, Máximo, 55, 72, 73, 74, 75, 78
Grande ilusão, A, 146
Grégoire, abade, 54
Grimm, Jakob e Wilhelm, 149
Gross, Jan T. (historiador), 30
Guerra, flagelo de Deus, 10
Guilherme II, 141, 169
Gunther, Hans F., 96
Gurjanov, Alexandre, 122
Guckov, A.I., 64
Guzmán, Abimael, 167, 168

H

Haider, Jorg, 141
Hamann, Brigitte (historiadora), 95, 136
Hamlet, 138
Harlan, Veit, 97
Hartog, François, 192, 223
Hegel, Georg, 150
Heine, Heinrich, 95, 149
Henriot, Philippe, 103
Herzl, Theodor, 183
Hitler, Adolf, 34, 94, 95, 96, 97, 98, 100, 101, 102, 105, 108, 109, 110, 111, 122, 129, 132, 134, 135, 136, 141, 145, 150
Ho Chi Minh, 171, 173
Höhmann, Martin (deputado), 34,
Holbach d', Paul-Henri, 149
Hölderlin, Friedrich, 149
Homem do ressentimento, O, 8, 106, 170, 191

I

Ibn Khaldun (1332-1406), 28
Ils étaient juifs, résistants communistes, 10
Inocêncio III (papa, 1198-1216), 35
Irmãos Muçulmanos, 181, 182, 184
Isabel da França, 143
Isidoro de Sevilha, 19

J

Jahiz, de Basra, 154
Jaruzelski (general), 126, 127, 130
Javé, 24,
Je Suis Partout (jornal), 105, 112,
Jedwabe, massacre de, 29
Jeismann, Mikhael (historiador), 92
Jesus Cristo (m.29 ou 30), 29, 32,
Joana d'Arc, 142, 143, 146
João de Montreuil, 147
João II o Bom (rei de 1350 a 1364), 35
João XXIII (papa de 1958 a 1963), 32

Johansen, 10, 223
Joutard, Philippe (historiador), 37
Judas Iscariotes, 94
Judeu Süss, O, 97,
Juliano o Apóstata (361-363), 24
Juventude transviada, 84

K

Kafka, Franz, 84
Kanal (Wajda), 120
Kant, Immanuel, 167
Kara, Mustafá, 117
Kaufmann, Karl, 95
Kautsky, Karl, 78
Keller, conde, 63
Kerenski, Alexandre, 48, 57, 58, 64, 66, 67, 72
King, Martin Luther, 159, 161, 163
Kitchener, Horatio, 145
Klopstock, Friedrich, 149
Kluchevski, Vladimir, 61
Koch, Robert, 151
Kohl (chanceler), 152
Kollontai, Alexandra, 58, 63, 73
Kornilov (general), 68
Korolenko, V.G., 75
Kropotkin (príncipe), 58, 59, 62, 63
Kruchev, Nikita, 169
Kun, Bela, 96
Kupferman, Fred, 102
Kuron, J., 123

L

L'Action Française (periódico), 39
L'CEuvre (periódico), 106, 109
La Délivrance (jornal diário), 38
Laborie, Pierre (historiador), 104, 113
Lactâncio (260-235 a.C.), 21, 22
Lagarde, Paul de, 91
Lamartine, Alphonse de, 128, 129
lambertistas (do nome de Pierre Lambert), 186, 187
Lamennais, Félicité, 128
Lancaster (dinastia dos), 143
Langlois, Henri, 84
Lausanne, tratado de (1923), 7, 8, 9
Laval, Pierre, 100, 101, 102, 103, 105, 109, 110, 111, 152
Lavisse, Ernst, 61
Lavoisier, Antoine de, 54, 71
Le Chapelier, Isaac, 48
Le Goff, Jacques, 195
Le Pays (jornal), 38
Le Pilori (jornal), 40, 112
Leblanc, Maurice, 193
Lênin, Vladimir Ilitch, 48, 61, 62, 63, 64, 66, 67, 68, 69, 78, 79, 80, 90, 96, 117, 118, 167, 186
Les Femmes du Mont Chenoua, 180
Leszczinski, Estanislau, 128
Levesque, Jacques (historiador), 127
Lincoln, Abraham, 160
Lloyd, George, 133
Lüeger, 138
Luís VIII (rei de 1223 a 1226), 35
Luís XIV (rei de 1660 a 1715), 36, 148
Luís XV, 115
Luís XVI, 43, 53, 64, 115, 127, 150
Lunacarski, Anatole, 72, 79
Lyautey (marechal), 175

M

Mahler, Gustav, 137
Maiakóvski, Vladimir, 75
Makhaiski, 77
Malcolm X, 161, 163
Malesherbes, Chrétien, 38
Man, Henri de, 108
Mandel, Georges, 100, 112
Mann, Thomas, 91, 93
Mao Tsé-tung, 78
Marat, Jean-Paul, 49, 51, 52, 71
Maria (mulher do imperador Cômodo), 19

Maria Antonieta, 71
Mariategui, 167
Marischka, E., 139
Marquet, Adrien, 103, 108
Marshall (Plano), 132
Martov, Leonid, 63
Marx, Karl, 60, 96, 167
Mauriac, François, 152
Maurras, Charles, 38, 39, 109
Maximiliano (1459-1519), 136, 137
Maximiliano do México, 137
Mein Kampf, 94
Mendelssohn, Felix, 150
Mercador de Veneza, O, 27
Merejkovski, 73
Messali-Hadj, 177, 186
Mestre e a Margarida, O , 73
Michelet, Jules, 61
Miguel II, 64
Michael, um destino alemão, 95
Mirabeau, marquês de, 46
Mistério de Oberammergau, 31
Mistral, Frédéric, 37
Mitterrand, François (1916-1996), 13, 130, 152, 176
Modzelewski, K., 123
Monnet, Jean, 146, 152
Monroe (doutrina), 169
Monségur (carniceiro de),
Montaigne, Michel de, 38
Montfort, Simon de, 35, 36
Monzie, Anatole de,
Mouros (nome dado aos muçulmanos pelos cristãos da Espanha), 7
Moros y Cristianos (festa comemorativa espanhola), 7, 194
Mosley, Oswald, 193
Mounier, Jean-Joseph, 47
Mozart, Wolfgang Amadeus, 17
Mundo não perdoa, O, 159
Musset, Alfred de, 149
Mussolini, Benito (*Il Duce*), 121, 135
Myrdal, Gunnar, 157

N

Nabokov, Vladimir, 48
Naegelen, Edmond, 176
Nagy, Emre, 124
Napoleão III, 129, 151
Nasser, Gamal Abdel, 145, 161, 177, 182, 183
Nehru, Jawaharia, 170, 173
Nicolai, Pierre, 176
Nicolas, Jean (historiador), 43
Nicolau II, 56, 63, 64, 65, 73, 76
Nietzsche, Friedrich, 8, 20, 90, 96, 170
Noite e brumas, 112
Nora, Pierre, 194
Notas do subsolo, 191
Notin (general), 119

O

Oblomov, 62
Ophuls, Marcel, 152
Orgulho dos negros, O, 154
Ousmane, Sembène,156

P

Pabst, Georg (1885-1967), 10
Passagem do Reno, A, 151
Passeron, Jean-Claude, 85
Pasteur, Joseph, 151
Paulo VI (papa de 1963 a 1978), 32
Paxton, Robert (historiador), 152
Pele negra, máscaras brancas, 157
Pershing (general), 100
Perspectives Socialistes (periódico), 108
Pétain, Philippe, 40, 100, 101, 102, 104, 105, 107, 109, 110, 121, 146, 147, 201
Petrônio, Caio (m.63), 17
Philippe, Gérard (ator, 1922-1959), 37, 94, 103
Pilsudski (general), 117, 118
Pio IX (papa de 1846 a 1878), 33

Plantagenetas, 142
Poitier, Sidney, 142, 162
Pol Pot, 167
Poliakov (historiador), 26
Pomian, K., 123
Pompidou, Georges, 186
Popovic, Alexandre, 155
Presle, Micheline (atriz), 10
Presley, Elvis,m 162
Protocolos dos sábios de Sião, 39, 96
Proudhon, Pierre-Joseph, 60
Púchkin, Alexandre, 62
Pugatchev, Iemelian, 57
Putin, Vladimir, 131, 189

R

Rachmaninov, Serguei, 75
Radek, Karl, 118
Radetzky, marcha de, 139, 142
Radiguet, Raymond (1903-1923), 10
Raffarin, Jean-Pierre, 185
Raimundo VI de Toulouse, 35
Rasputin, Grigori, 71
Rathenau, Walter, 93, 95
Ray, Nicholas, 84
Renaudel, 108
Renner, Karl, 136, 137
Reynaud, Paul, 100, 101, 112
Ribbentrop, Joachim von, 110, 111
Rimski-Korsakov, Nikolai, 75
Robespierre, Maximilien, 48, 49, 50, 51, 52, 54
Rock around the Clock, 162
Rodolfo de Habsburgo, 139
Rœderer, Pierre-Louis, 47
Roland, Madame, 47
Roosevelt, Franklin Delano, 121, 132, 202
Roosevelt, Theodor, 169
Rosanov-Varvarin, 73
Rosenberg, Alfred, 94
Rousseau, Jean-Jacques (1712-1778), 9, 88
Rouzet, 53
Rushdie, Salman, 196

S

Saifi, Tokia, 185
Saint-Cyr (escola militar fundada por Napoleão), 12
Saint-Just, Louis, 53, 67
Saint-Simon, Claude, 60
Salieri, Antonio (1750-1825), 17
San Martin, José de, 166
Santo Agostinho (354-430), 19, 34
São Luís (1226-1270), 26
Sassânidas (dinastia persa, 226-651), 21
Scapini, Georges,
Scheidemann, Philipp, 136
Scheler, Max (1874-1928), 8, 20, 46, 47, 90
Scherrer, Jutta (historiadora), 79
Schönerer, 140
Schröder (chanceler), 33, 131
Schuman, Robert, 146, 147, 150, 152
Schuschnigg (chanceler), 134, 135
Selvagem, O, 84
Sementes da violência, 162
Sendero Luminoso, 165, 167, 168
Sèvres, Tratado de, 8
Shakespeare, William (1564-1616), 27, 138, 142
Sherman, William, 164
Shiller, Robert J., 88
Sigismundo (1411-1437), 30, 150
Sigismundo Augusto (1548-1572), 30
Sikorski (general), 119
Sínodos do Deserto, 36
Sionismo, 160, 183
Sissi, 139
Sobieski, Jean, 117
Solidariedade (sindicato), 122, 123, 125, 126, 127, 130
Sorel, Albert, 115
SOS-Racismo, 186

Soustelle, Jacques, 179
Spellmann (cardeal), 32
Spengler, Oswald, 93
Stálin, Josef, 111, 119, 122, 129, 189
Steeg, Théodore, 175
Steinberg, I., 69
Stolypin, Piotr, 57, 72
Strauss, Johann, 133
Suffert, Georges, 11
Sukhanov, Nicolau, 74
Sverdlov, Ja, 64

T

Tácito, Públio Cornélio, 52
Tackett, Timothy, 49
Tallien, Jean, 51
Tártaro (República da Federação da Rússia), 9
Taubira, Christiane, 159
Tchekov, Anton, 72
Tchernychevski, 62
Teodósio (imperador de 379 a 395), 24
Terceiro Reich, O (Van der Bruck), 94
Tertuliano (150-222), 19
Tolstói, Liev, 72
Trotski, Leon, 64, 69, 80, 96, 117
Truffaut, François, 84
Tuchins, 35
Tupac Amaru, 166, 167, 168
Turner, Nat, 157

U

Ulianov, Vladimir Ilitch (*ver* Lênin), 60
Ullstein (editor), 95

V

Vaca e o prisioneiro, A, 151
Vallat, Xavier, 103
Van der Bruck, 93, 94
Vaticano II, 32, 40
Veken, Cyril, 48
Verneuil, Henri, 151
Versalhes (Tratado de), 8, 42, 92,93, 98, 106
Veyne, Paul (historiador), 17
Visão dos vencidos, A, 166
Vítor Emanuel, 139
Vizinhos, Os, 30

W

Waabismo, 181
Wachtel, Nathan, 166
Waddington, William, 39
Wagner, Richard, 96, 150
Wajda, Andrzej, 120
Waldheim, Kurt, 141
Walesa, Lech, 123, 126
Weygand (general), 100, 118, 146
Wieviorka, Annette (historiadora), 9
Wilson, Woodrow, 133
Wycliff, John, 38, 143

X

Xá do Irã, 184

Y

Yonnet, Paul, 162

Z

Zamoiski, conde, 63
Zawahiri, Ayman al (lugar-tenente e médico de Bin Laden, Osama), 7
Zinoviev, Georges, 69, 96, 117
Zola, Émile, 39, 78

Agradecimentos

E não é o quarto dos meus livros cuja produção editorial cai nas mãos de Gérard Jorland? O apetite com que ele retifica, corrige e sugere remete a seus trabalhos sobre a empatia.

Como expressar minha gratidão...

Ela vai também para Christine Murco, que teve de se haver com meu texto, minhas correções, sei lá mais o quê.

Também se dirige a todos que me estimularam a me lançar na aventura deste livro, com o qual travei uma autêntica guerra. Sem o interesse que eles lhe dedicaram, provavelmente eu não teria conseguido.

Laurent Theis e Annie Goldmann, Naïm Kattan e Nadja Vuckovic, Marie-Claire Lavabre e Laurent Thévenot, Henri Rousso e Meryem Desert, François Hartog e Laurence Devillairs, Maurice Olender e Myriam Cottias, Baber Johansen e Maria Pia di Bella, Danièle Alexandre-Bidon.

Bem como a toda a incrível equipe da rua Soufflot.

CIP-Brasil. Catalogação-na-fonte
Sindicato Nacional dos Editores de Livros, RJ.

F452r Ferro, Marc, 1924-
O ressentimento na história – Ensaio / Marc Ferro ; tradução André Telles. - Rio de Janeiro : Agir, 2009.

Tradução de: Le ressentiment dans l'histoire
ISBN 978-85-220-0874-2

1. Ressentimento - História. 2. Conflito social - História. 3. Perseguição religiosa. 4. Violência - História. 5. História - Aspectos psicológicos. I. Título.

09-4997. CDD: 901
CDU: 931.1

Texto estabelecido segundo o Acordo Ortográfico da Língua Portuguesa de 1990, em vigor no Brasil desde 2009.

Este livro foi composto em Minion Pro 10,5/16
e impresso pela Ediouro Gráfica sobre papel Pólen Soft 70g
para a Agir em novembro de 2009.